라사리요 데 토르메스

LAZARILLO DE TORMES

다락원 스페인어 학습문고 ❺

라사리요 데 토르메스

지은이 Anónimo
각색 Alberto Anula
그림 José Luis Navarro
번역 및 해설 김찬기
펴낸이 정규도
펴낸곳 (주) 다락원

초판 1쇄 인쇄 2019년 5월 13일
초판 1쇄 발행 2019년 5월 21일

책임편집 이숙희, 장지은
디자인 구수정, 윤현주

다락원
주소 경기도 파주시 문발로 211
전화 (02)736-2031(내선 420~426)
팩스 (02)738-1714

출판등록 1977년 9월 16일 제406-2008-000007호
공급처 (주) 다락원
구입문의 전화: (02)736-2031(내선 250~252)
팩스: (02)732-2037

Lazarillo de Tormes
Colección Literatura hispánica de Fácil Lectura

값 9,000원

ISBN 978-89-277-3235-8 18770
978-89-277-3207-5(set)

http://www.darakwon.co.kr

다락원 홈페이지를 통해 주문하시면 상세한 출판 정보와 함께 MP3 자료 등 다양한 어학 정보를 얻으실 수 있습니다.

머리말

"다락원 스페인어 학습문고" 시리즈는 스페인어를 배우고자 하는 사람이라면 누구나 꼭 읽어 봐야 하는 대표적인 스페인 문학 작품을 선별하여 학습자 수준에 맞춰 현대 스페인어로 각색한 책입니다. 세르반테스 문화원 커리큘럼(PCIC)의 읽기 레벨을 기준으로 A2, B1, B2로 나누었으며, 스페인어 학습자들이 보다 쉽고 재미있게 스페인 명작을 읽으며 독해력을 향상시킬 수 있도록 했습니다.

해당 레벨에서 알아야 할 필수 어휘와 표현을 제시하여 사전 없이 읽기에 부담이 없게 하였고, 독해에 필요한 문형과 문화적 배경에 대한 설명도 실어 학습자의 이해를 도왔습니다. 더불어 다양한 유형의 연습 문제와 직역에 가까운 번역을 수록하여 다시 한 번 내용을 점검하고 확인할 수 있도록 하였습니다. 또한, 원어민의 낭독이 담긴 음원을 통해 생생하게 책을 이해할 수 있게 하였습니다.

"다락원 스페인어 학습문고" 시리즈를 통해 여러분의 스페인어 공부가 좀 더 즐거워지기를 바랍니다.

다락원 스페인어 학습문고 연구회

일러두기

듣기

장별로 구분한 내용 전문을 원어민의 생생한 낭독이 담긴 음원으로 들을 수 있습니다.

문형 · 문화 해설

학습자들이 내용을 이해하는 데 필요한 스페인어 문형, 문장 구조, 문화적 배경, 속담 등을 알기 쉽게 설명해 주었습니다.

어휘 설명

A2 학습자의 수준에 맞춰 실제 사용 빈도수가 높은 어휘는 본문에 *로 표시하였으며, 내용 이해를 돕기 위한 어휘와 표현 등을 추가로 선정하여 뜻과 함께 정리하였습니다.

PRÓLOGO

◀1 Me parece bien que se conozcan las cosas que me han sucedido. Así no quedarán enterradas en la sepultura* del olvido. Además, siempre habrá alguien que disfrutará con ellas. Como dice Plinio[1] : no hay libro malo que no tenga algo bueno. También se dice que sobre gustos no hay nada escrito. Por eso hay cosas que algunos desprecian y otros desean.

> sobre gustos no hay nada escrito는 '취향의 호불호를 결정짓는 규칙이 존재하지 않는다'는 뜻으로 '사람마다 취향이 모두 다르다'는 것을 의미하는 표현입니다.

Ningún escrito debe romperse sin ser leído. De lo contrario, muy pocos escribirían, pues cuesta mucho trabajo. Quien escribe quiere ser recompensado. No con dinero. Pero sí para que lean y alaben* sus obras si se lo merecen.

> cuesta mucho trabajo는 '많은 노력이 필요하다', 혹은 '힘들다'는 뜻으로 쓰는 표현입니다.

> para(~하기 위하여) 뒤에 오는 주어가 주절의 주어와 동일할 경우 'para + 동사 원형'이 오고, 주절의 주어와 다를 경우 'para que + 접속법'을 씁니다.

Yo confieso no ser más que nadie. Aunque escribo en este grosero estilo, confieso que me alegrará que los lectores disfruten con esta pequeña obra. Me agradará que vean cómo vive un hombre con tantos peligros y adversidades.

> grosero estilo는 '조잡한 문체'라는 뜻으로 하층민의 편지나 글쓰기를 빗대어 말하는 표현입니다.

quedar ~한 상태로 되다 | sepultura *f.* 묘, 무덤 | de lo contrario 그렇지 않으면 | alabar *tr.* 칭찬하다 | adversidad *f.* 역경, 불운

1 Plinio(플리니우스): 고대 로마의 작가로 흔히 농생 플리니우스(Plinio el joven)라 불리던 인물을 가리킵니다.

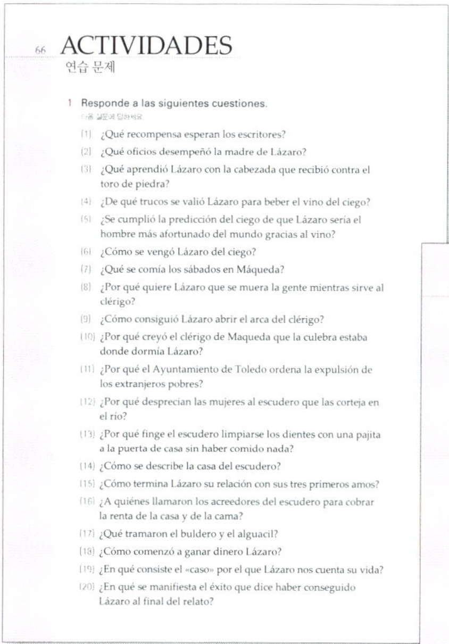
66 ACTIVIDADES
연습 문제

1 Responde a las siguientes cuestiones.
다음 질문에 답하세요.

(1) ¿Qué recompensa esperan los escritores?
(2) ¿Qué oficios desempeñó la madre de Lázaro?
(3) ¿Qué aprendió Lázaro con la cabezada que recibió contra el toro de piedra?
(4) ¿De qué trucos se valió Lázaro para beber el vino del ciego?
(5) ¿Se cumplió la predicción del ciego de que Lázaro sería el hombre más afortunado del mundo gracias al vino?
(6) ¿Cómo se vengó Lázaro del ciego?
(7) ¿Qué se comía los sábados en Máqueda?
(8) ¿Por qué quiere Lázaro que se muera la gente mientras sirve al clérigo?
(9) ¿Cómo consiguió Lázaro abrir el arca del clérigo?
(10) ¿Por qué creyó el clérigo de Maqueda que la culebra estaba donde dormía Lázaro?
(11) ¿Por qué el Ayuntamiento de Toledo ordena la expulsión de los extranjeros pobres?
(12) ¿Por qué desprecian las mujeres al escudero que las corteja en el río?
(13) ¿Por qué finge el escudero limpiarse los dientes con una pajita a la puerta de casa sin haber comido nada?
(14) ¿Cómo se describe la casa del escudero?
(15) ¿Cómo termina Lázaro su relación con sus tres primeros amos?
(16) ¿A quiénes llamaron los acreedores del escudero para cobrar la renta de la casa y de la cama?
(17) ¿Qué tramaron el buldero y el alguacil?
(18) ¿Cómo comenzó a ganar dinero Lázaro?
(19) ¿En qué consiste el «caso» por el que Lázaro nos cuenta su vida?
(20) ¿En qué se manifiesta el éxito que dice haber conseguido Lázaro al final del relato?

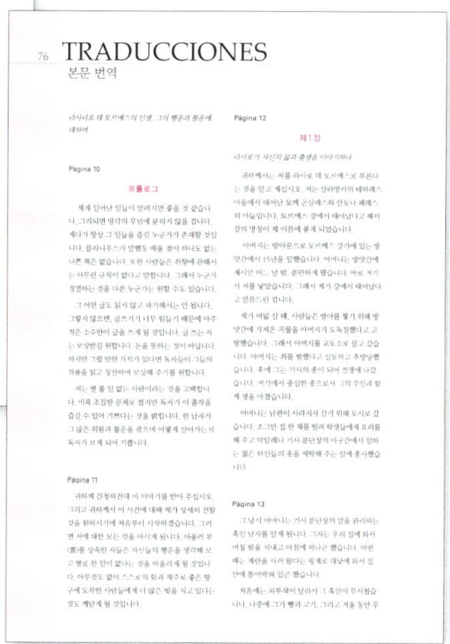
76 TRADUCCIONES
본문 번역

Página 10
프롤로그
Página 11
Página 12
제 1 장
Página 13

연습 문제

본문 내용 이해와 함께 해당 레벨에서 알아야 할 문형과 어휘를 다시 한번 확인할 수 있습니다.

본문 번역

스페인어 본문 내용과 문형을 정확히 이해할 수 있도록 직역 중심의 번역을 수록하였습니다.

MP3 MP3 "라사리요 데 토르메스" 전문 녹음은 책과 함께 제공되는 MP3 CD로 제공되며 다락원 홈페이지 **http://www.darakwon.co.kr** 에서 다운로드 받을 수 있습니다.

작가 및 작품 소개

"라사리요 데 토르메스의 인생, 그의 행운과 불운에 대하여"(이하 "라사리요")는 작자 미상의 작품이다. 이 작품이 첫 출간되던 1554년에 스페인은 중세에서 르네상스로 전환되는 와중에 있었다. 카를로스 1세 치하에서 계속되는 국내외 전쟁으로 인해 재정적 궁핍과 사회적 혼란이 가중되고 있었고, 종교 재판소를 운영하며 이단으로 의심받는 사람들을 가려내며 사상을 통제하고 있었다. 그럼에도 "우신예찬"과 같은 책을 통해 가톨릭 세계에 대한 통렬한 비판과 풍자를 시도한 에라스무스의 종교 개혁 사상이 퍼져가고 있었다. 평단은 "라사리요"가 에라스무스주의 영향을 받은 개종 유태인의 작품으로 추정하고 있다. 따라서 작가가 자신의 이름을 밝히지 않은 이유는 작품에 드러난 반교권주의(anticlericalismo) 경향을 고려해서 그랬을 가능성이 농후하다. 작가는 작품의 주인공인 라사로 데 토르메스에게 발언권을 양도하여 일인칭 시점으로 그의 자전적 스토리를 전하고 있다.

라사리요 데 토르메스
Lazarillo de Tormes

"라사리요"는 피카레스크 소설의 효시가 됐다. 이 작품은 라사로가 익명의 '귀하에게' 톨레도 근방에 떠도는 그의 부부에 관한 루머에 대해 해명하는 서간문 형식을 빌려 서술했다. 라사로는 산살바도르의 수석 사제와 내연녀 사이의 부적절한 관계를 알고도 그녀와 결혼을 감행하였을 뿐 아니라 난감한 상황을 이용해 개인적인 이득을 취하기까지 했다. 그러했음에도 출생에서부터 외견상의 성공을 거두었다고 생각하는 순간까지 그가 보여 주었던 부도덕함에 대해서는 감추거나 숨기려하지 않았다. 라사로의 삶의 방식이 그가 모셨던 산살바도르의 수석 사제나 다른 성직자들, 하급 귀족들 혹은 법원의 공무원들과 같이 일명 '선한 사람들'이 선택한 삶의 방식이나 도덕적인 기준과 그다지 차이가 없다는 것을 증명해 갔던 것이다.

라사로는 소기의 목적을 달성해 가고자 자신만의 담론을 구성한다. 귀족 신분을 물려받은 자들은 사회에 많은 빚을 지고 있는 것이며 오히려 자신처럼 스스로의 노력으로 사회적 신분 상승을 이룬 자들이 실은 더 나무랄 데 없는 사람들이라고 역설하고 있다. 그러나 사실 그 당시 라사로가 이뤘다고 생각한 신분 상승은 사회적 계층 간의 신분 이동이 엄격했던 체제 아래에서 전혀 가능한 일이 아니었다. 오늘날의 관점으로 보면 "라사리요"는 성공이 아니라 부정부패에 물들어가는 이야기이다. 유일하게 물질적인 면에서의 생존 방식을 터득했던 비인간적인 성년 라사로, 그가 얻은 포고 담당관원직은 비록 벌이가 괜찮았다 하더라도 그 당시 가장 평판이 나빴던 직업 중 하나였을 뿐이었다. 우리는 기발하고 성실했던 유년의 라사로가 권력자에게 기생하고 그들처럼 되는 것을 최고의 선으로 삼았다는 것을 알 수 있다.

작가는 천진난만한 소년에서 이기적이고 부도덕한 성인으로 변해 가는 라사로의 변모 과정을 16세기 중엽 스페인 사회의 변화 양상과 맞물려 보여 준다. 이것은 라사로가 각양각색의 주인과 살면서 겪게 되는 모험을 사실적으로 기술하면서 드러난다. 영악한 맹인, 탐욕스럽고 부정한 사제들, 파산한 하급 귀족, 면죄부 판매인, 부패한 하급 관리 등은 연대 의식이 결여된 사회에서 라사로에게 '혼자' 라는 운명과 생존 본능을 일깨워 준 인간 군상이었다.

목차

La Vida de
Lazarillo de Tormes
y de sus fortunas y adversidades

PRÓLOGO

1 Me parece bien que se conozcan las cosas que me han sucedido. Así no quedarán enterradas en la sepultura* del olvido. Además, siempre habrá alguien que disfrutará con ellas. Como dice Plinio[1] : no hay libro malo que no tenga algo bueno. También se dice que sobre gustos no hay nada escrito. Por eso hay cosas que algunos desprecian y otros desean.

sobre gustos no hay nada escrito는 '취향의 호불호를 결정짓는 규칙이 존재하지 않는다'는 뜻으로 '사람마다 취향이 모두 다르다'는 것을 의미하는 표현입니다.

Ningún escrito debe romperse sin ser leído. De lo contrario, muy pocos escribirían, pues cuesta mucho trabajo. Quien escribe quiere ser recompensado. No con dinero. Pero sí para que lean y alaben* sus obras si se lo merecen.

cuesta mucho trabajo는 '많은 노력이 필요하다', 혹은 '힘들다'는 뜻으로 쓰는 표현입니다.

para(~하기 위하여) 뒤에 오는 주어가 주절의 주어와 동일할 경우 'para + 동사 원형'이 오고, 주절의 주어와 다를 경우 'para que + 접속법'을 씁니다.

Yo confieso no ser más que nadie. Aunque escribo en este grosero estilo, confieso que me alegrará que los lectores disfruten con esta pequeña obra. Me agradará que vean cómo vive un hombre con tantos peligros y adversidades.

grosero estilo는 '조잡한 문체'라는 뜻으로 하층민의 편지나 글쓰기를 빗대어 말하는 표현입니다.

quedar ~한 상태로 되다 | sepultura *f.* 묘, 무덤 | de lo contrario 그렇지 않으면 | alabar *tr.* 칭찬하다 | adversidad *f.* 역경, 불운

1 Plinio(플리니우스): 고대 로마의 작가로 흔히 동생 플리니우스(Plinio el joven)라 불리던 인물을 가리킵니다.

Le suplico a usted que reciba esta historia. Y pues usted quiere que le cuente extensamente el caso[2], empezaré por el principio. Así sabrá todo sobre mí. Además, servirá para que los que heredaron riquezas piensen en su suerte y piensen lo poco que se les debe. Más se les debe a quienes sin nada llegaron a buen puerto con su fuerza y maña.

suplicar que + 접속법: ~할 것을 간청(애원)하다

llegar a buen puerto는 '(사업이나 계획이) 만족스러운 결과를 얻었다'는 표현입니다.

caso *m.* 일, 사건 | maña (=destreza) *f.* 솜씨, 재주

2 El caso: 라사로의 아내가 수석 사제의 정부가 되는 것에 라사로가 동의했다는 루머를 말합니다.

TRATADO PRIMERO

◀2 *Lázaro cuenta su vida y su nacimiento*

Sepa usted que a mí me llaman Lázaro de Tormes. Soy hijo de Tomé González y de Antona Pérez, nacidos en Tejares, pueblo de Salamanca[3]. Nací dentro del río Tormes, por eso me llamo como el río.

Mi padre fue molinero quince años en un molino que está en la orilla del río. Mi madre se puso de parto una noche que estaba en el molino. Allí mismo me parió. Por eso digo que nací en el río.

ponerse de parto는 '분만하다'라는 뜻이며 parir와 동의어입니다.

Cuando yo tenía ocho años, acusaron a mi padre de robar el grano que la gente traía al molino para moler. Por eso lo llevaron a la cárcel. Mi padre confesó que era culpable y fue desterrado. Luego él se hizo criado de un caballero y se fue a la guerra. Allí murió, con su señor, como leal* criado.

Al verse sin marido, mi madre se fue a vivir a la ciudad. Alquiló una casita y se dedicó a cocinar para unos estudiantes y a lavar la ropa a unos mozos de caballos del Comendador de la Magdalena.

mozos de caballos는 마구간에서 일하는 젊은 하인들을 가리킵니다.

molinero *m.* 제분업자, 방아꾼 | molino *m.* 제분소, 방앗간 | parto *m.* 출산, 분만 | parir *tr.* (새끼를) 낳다, 출산하다(=dar a luz) | culpable 죄가 있는, 죄를 범하는 | desterrado/a 추방된, 유배된 | leal 충실한, 성실한 | criado *m.* 머슴, 하인(*f.* criada) | comendador *m.* 기사 분단장

3 Salamanca(살라망카): 스페인의 북서부에 위치한 도시입니다.

Entonces mi madre conoció a un negro que cuidaba los caballos del Comendador. Este hombre venía a nuestra casa algunas noches y se iba por la mañana. Otras veces, con la excusa de comprar huevos, llegaba de día y se metía en casa.

Al principio, el negro me daba miedo porque era de otro color. Luego, cuando vi que traía pan, carne y leña* para calentarnos en el invierno, comencé a quererlo.

Con el tiempo, mi madre tuvo un negrito muy bonito. Yo jugaba con él y lo arropaba*. Recuerdo un día que mi padrastro jugaba con el niño. Como el pequeño veía a mi madre y a mí blancos, huía de su padre y se iba con mi madre. Luego, le señaló con el dedo y dijo:

—¡Madre, coco!

El negro se rio y dijo:

—¡Hideputa!

Aunque yo era pequeño, al oír a mi hermano, me dije: «¡Cuántos debe de haber en el mundo que huyen de otros porque no se ven a sí mismos!».

Un día descubrieron que mi padrastro robaba la cebada* de los caballos. También hurtaba* leña, mantas, sábanas y otras cosas. Hasta las herraduras* de los caballos robaba para ayudar a mi madre a criarnos. Esto no debe sorprendernos. Si un cura roba a los pobres, ¡qué hará por amor un esclavo!

leña *f.* 땔나무, 장작 | calentar *tr.* 따뜻하게 하다, 데우다 | arropar *tr.* 보호하다, 감싸다 | padrastro *m.* 의붓아버지, 계부 | cebada *f.* 보리 | hurtar *tr.* 사취하다, 훔치다 | herradura *f.* 말편자, 말굽형 물건

Al negro lo azotaron* y a mi madre también. A ella le prohibieron acoger al negro en su casa.

이 문장은 무인칭 복수 주어 구문이므로 불특정 다수가 주어가 됩니다. 따라서 능동형(azotaron)으로 쓰였으나 의미상 '매질을 당하다'라는 수동의 뜻을 의미합니다.

Mi madre cumplió el castigo. Por evitar las malas lenguas se fue a servir al mesón de la Solana. Allí padeció mil penalidades. Allí nos criamos mi hermano y yo.

malas lenguas는 다른 사람을 험담하거나 비난하는 사람들을 말합니다.

En este tiempo, un ciego llegó al mesón. Él le pidió a mi madre que le sirviera como guía. Así mi madre me encomendó a él y le rogó que me tratara bien, pues yo era huérfano*. El ciego dijo que me trataría como a su hijo. De esta forma, comencé a servir y a guiar a mi nuevo y viejo amo.

El ciego y yo estuvimos en Salamanca varios días. Luego, decidió irse a otro lugar. Antes de partir fui a ver a mi madre. Ambos lloramos y luego ella me dio su bendición y me dijo:

—Hijo, ya sé que no te veré más. Procura ser bueno y que Dios te guíe. Te he criado y te he puesto con buen amo. Válete por ti.

Válete por ti는 valerse por sí mismo(자립하다, 독립하다)라는 표현에서 나온 말로, '(혼자 힘으로) 잘 지내라'는 뜻입니다.

Mi amo y yo salimos de Salamanca y llegamos a un puente que tiene un toro de piedra a la entrada. El ciego me mandó que me acercase al animal y me dijo:

—Lázaro, pon el oído en el toro y oirás mucho ruido dentro de él.

azotar *tr.* 때리다, 매질하다 | acoger *tr.* 맞아들이다, 받아들이다 | penalidad *f.* 슬픈 일, 고초 | ciego *m.* 장님, 맹인(*f.* ciega) | guía *m. f.* 안내, 길잡이 | encomendar *tr.* 위탁하다, 맡기다 | huérfano/a 부모를 여읜 | bendición *f.* 축복, 천혜

Yo le creí y le obedecí. Cuando el ciego sintió que tenía la cabeza junto a la piedra, me dio una gran cabezada contra el animal. Tres días me dolió la cabeza por el golpe. Entonces el ciego me dijo:

—Tonto, aprende. El mozo del ciego debe saber más que el diablo.

> saber más que el diablo는 '악마보다 더 많이 알다'라는 표현으로 여기에서는 '현명하다' 혹은 '교활하다'라는 의미입니다.

Él se rio mucho de la burla.

En aquel momento dejé de ser niño y pensé que debía abrir bien los ojos para valerme por mí mismo.

> dejar de + *inf.*: ~을/를 그만두다
> 여기서는 '어린아이가 되는 것을 그만두다' 즉 '어린아이 같은 행동을 그만두다'라는 의미에 가깝습니다.

Comenzamos nuestro camino y en pocos días me enseñó su oficio. El ciego me dijo:

—Yo no te puedo dar dinero, pero sí consejos para vivir.

Y así fue. Después de Dios, el ciego me alumbró y me guió en la carrera de vivir.

Me complace contarle a usted estas cosas. Así conocerá la virtud de los pobres que triunfan y la estupidez de los ricos que fracasan.

Volviendo al bueno de mi ciego, sepa usted que no hubo nunca ciego más listo que él. En su oficio era un águila. Sabía de memoria cientos de oraciones y las rezaba en voz baja y sin hacer gestos exagerados con los ojos o la boca.

> era un águila는 '한 마리의 독수리 같았다'는 뜻으로 매우 민첩했다는 것을 의미합니다.

cabezada *f.* 박치기, 머리를 부딪침 | burla *f.* 야유, 조롱, 속임수 | águila *f.* 독수리

Además, tenía otras mil formas de conseguir dinero. Decía que sabía oraciones para las mujeres que no parían y para las que estaban de parto. Sabía oraciones para las mujeres malcasadas, para que sus maridos las quisieran. A las mujeres embarazadas les decía si iban a traer un hijo o una hija. Sabía más que Galeno de medicinas para quitar el dolor de muelas y otros males.

De esta forma, todo el mundo lo buscaba. Especialmente las mujeres. Ellas creían todo lo que él decía y él se aprovechaba de ellas. El ciego ganaba más en un mes que cien ciegos en un año.

Pero también quiero que sepa usted que nunca he visto a nadie más avaro y mezquino que él. A mí me mataba de hambre y, para poder comer, tenía que engañarle con mis buenas mañas. Contaré algunas burlas que le hice.

◀3 El ciego metía el pan y las otras cosas en un saco de tela y lo cerraba con un candado*. Siempre abría y cerraba el saco con mucho cuidado. Nunca se le caía ni una miga de pan. Yo, como tenía mucha hambre, a veces descosía el saco por un lado. Luego por el agujero cogía pedazos de pan, torreznos y longaniza. Después lo volvía a coser sin que se diera cuenta.

También le robaba el dinero que le daban por las oraciones.

malcasado/a 배우자와 화목하지 않은, 부정한 | avaro/a 탐욕스러운, 욕심 많은 | mezquino/a 인색한, 야비한 | candado *m.* 자물쇠, 자물통 | descoser *tr.* (꿰맨 것을) 풀다 | agujero *m.* 구멍 | pedazo *m.* 조각, 토막 | torrezno *m.* 돼지고기 튀김 | longaniza *f.* 소시지

Como no podía ver, le cambiaba las monedas que le daban por otras de menos valor. El ciego se daba cuenta y decía:

—¿Qué diablos es esto? Desde que estás conmigo me pagan la mitad que antes. En ti debe de estar la desdicha*.

Cuando comíamos, el ciego ponía a su lado un jarro de vino. Algunas veces, yo cogía rápidamente el jarro y bebía de él. Luego lo dejaba otra vez en su sitio. Este engaño me duró poco tiempo. El ciego notó que faltaba vino y, a partir de ese día, siempre sujetaba el jarro con la mano. Pero yo imaginé otro engaño. Con una paja de centeno* chupaba el vino y dejaba el jarro vacío. Pero, como el ciego era muy listo, me descubrió enseguida. Desde entonces el ciego ponía el jarro de vino entre sus piernas para que yo no pudiera beber. Luego tapaba la boca del jarro con la mano y así bebía seguro.

Yo, como estaba hecho al vino, me moría por él y pensé en otro truco. Hice un agujero en el fondo del jarro y luego lo tapé con un poco de cera*. Cuando íbamos a comer fingía que tenía frío y me metía entre las piernas del ciego para calentarme en la lumbre* que teníamos. Al calor de la lumbre, la cera se derretía* y el vino caía en mi boca sin que se perdiera ni una gota. Cuando el pobre ciego iba a beber, no quedaba nada. Él se enfadaba y maldecía* porque no sabía cómo desaparecía el vino.

desdicha *f.* 불운, 재난 | jarro *m.* 물병, 단지, 항아리 | sujetar *tr.* 단단히 붙잡다, 지배하다 | paja *f.* 빨대 (속이 빈 식물 줄기로 액체를 빨아들이는 용도) | centeno *m.* 호밀 | cera *f.* 납, 밀랍 | fingir *tr.* ~척하다 | lumbre *f.* 불 | derretirse 녹아내리다, 녹다 | maldecir *tr.* 저주하다, 나쁘게 말하다

—No diréis, tío, que os lo bebo yo —le decía—, pues no soltáis el jarro.

여기서 tío는 친척 관계가 없는 나이가 지긋한 아저씨를 가리키는 표현입니다.

Tantas vueltas dio el ciego al jarro que al fin encontró el agujero y descubrió la burla. Pero lo disimuló y no dijo nada.

Al día siguiente, sin sospechar que él sabía como me bebía el vino, me senté como siempre, con la cara mirando al cielo y los ojos cerrados para disfrutar el delicioso licor*. El ciego pensó que era hora de vengarse. Alzó con toda su fuerza el jarro y lo tiró contra mi boca con todas sus fuerzas. Verdaderamente, me pareció que el cielo, con todo lo que hay en él, se me había caído encima.

Fue tan grande el golpe que me desmayé. Muchos trozos del jarro se me clavaron en la cara. Me rompió los dientes y sin ellos hasta hoy día me quedé.

Desde entonces odié al ciego. Aunque luego me curó, comprendí que había disfrutado con el castigo. Él me lavaba las heridas con vino y sonriendo decía:

—¿Qué te parece, Lázaro? Lo que te enfermó te cura y da salud.

Cuando estuve casi curado, pensé en abandonarlo, pero esperé el momento adecuado. Nunca pude perdonarle el jarrazo y él, desde aquel día, siempre me trataba mal.

licor *m.* 액체, 알코올음료 | vengar *tr.* (누구의) 복수를 하다, 보복하다 | alzar *tr.* 올리다, 들다 | desmayarse 기절하다, 실신하다 | clavar *tr.* 못박아 버리다, 꽂다, 찌르다

Para vengarme, desde entonces yo lo llevaba siempre por los peores caminos. Si había piedras, por ellas lo llevaba. Si había barro, por lo peor le conducía.

Para que vea usted la astucia del ciego le contaré lo que me sucedió camino de Toledo.

4 Un día llegamos a Almorox, un pueblo de Toledo, cuando recogían las uvas. Un vendimiador dio al ciego un racimo de uvas como limosna*. Como la uva estaba madura, no podía guardarse en el saco, así que el ciego decidió hacer un banquete*.

Nos sentamos en una valla y el ciego dijo:

—Vamos a comer este racimo entre los dos, a partes iguales. Lo repartiremos de esta manera: tú picarás una vez y yo otra, pero prométeme que sólo cogerás una uva cada vez. Yo haré lo mismo hasta que acabemos. Así no habrá engañó.

Comenzamos a comer y en la segunda ocasión el ciego cogió las uvas de dos en dos. Cuando vi lo que él hacía decidí coger las uvas de tres en tres y como podía me las comía. Cuando se acabó el racimo, el ciego dijo:

—Lázaro, me has engañado. Juraré a Dios que tú has comido las uvas de tres en tres.

—No es verdad —dije yo—. ¿Por qué piensa eso?

barro *m.* 진흙, 흙탕물 | vendimiador *m.* 포도 수확자, 포도 따는 사람 (*f.* vendimiadora) | limosna *f.* 기부 | banquete *m.* 연회, 향연 | valla *f.* 담장, 울타리 | racimo *m.* (집합 명사) 포도송이 | jurar *tr.* 맹세하다

El ciego respondió:

—¿Sabes por qué sé que las comiste de tres en tres? Porque yo las comía de dos en dos y tú callabas.

Me reí para mí y comprendí lo listo que era el ciego.

Para no extenderme, contaré una última cosa. Estando en un mesón de la villa de Escalona, el ciego me dio un pedazo de longaniza para que la asase. Mientras se asaba, me mandó comprar vino en la taberna. Entonces el demonio me dio ocasión de gastarle una nueva broma. Al lado del fuego había un nabo pequeño y, como no pasaba nadie por allí, cambie el nabo por la longaniza. Así me comí la longaniza y dejé el nabo en el asador.

Luego me fui por el vino. Cuando volví con él, el ciego tenía el nabo entre dos rebanadas y estaba a punto de morderlo. Al morder el nabo, se enfadó y dijo:

—¿Qué es esto, Lazarillo?

—¡Pobre de mí! —dije yo—. Yo no he hecho nada. Vengo de comprar el vino. Alguien lo habrá hecho por gastar una broma.

—No, no —dijo él—. No es posible. No he soltado el asador con la longaniza ni un momento.

extender *tr.* 늘이다, 펼치다 | taberna *f.* 선술집, 주점 | nabo *m.* 순무 | asador *m.* 쇠꼬챙이 | rebanada *f.* 길쭉한 조각

Yo juré que era inocente, pero el ciego era muy listo y nadie le engañaba. Se levantó y me cogió por la cabeza. Luego me abrió la boca y metió su nariz dentro. Como tenía la nariz muy larga, con la punta me llegó a la campanilla.

Del asco que me dio y del miedo que tenía, le vomité* la longaniza antes de que sacase su trompa de mi boca.

¡Oh, gran Dios! Se enfadó tanto el ciego que, si no me quitan de sus manos, me hubiera matado. Me dejó la cara y el cuello arañados.

◀5 Luego el ciego contaba a todos mis desgracias y todos se reían con las historias del jarro y del racimo. La mesonera me lavó las heridas con el vino que yo había traído y el ciego dijo:

—Este mozo me gasta más vino al año en curar las heridas del que yo bebo en dos años. Lázaro, debes más al vino que a tu padre porque él te dio la vida una vez, pero el vino te la ha dado mil veces.

Luego contaba a todos las veces que me había pegado y cómo me había curado con el vino.

—Te digo que serás el hombre más afortunado del mundo gracias al vino —dijo el ciego.

Entonces decidí escaparme.

campanilla *f.* 목젖 | vomitar *tr.* 토하나, 게우나

Un día que llovía mucho estábamos pidiendo limosna bajo unos soportales. Como anochecería pronto y no dejaba de llover, el ciego me dijo que lo llevase a la posada*.

Para ir a la posada, teníamos que pasar por un arroyo* que, con la lluvia, llevaba mucha agua. Yo le dije:

—Tío, el arroyo va muy ancho. Yo veo un sitio en que se estrecha y saltando podemos cruzar sin mojarnos.

Le pareció buen consejo y dijo:

—Llévame a ese lugar donde el arroyo se estrecha. Ahora es invierno y sabe mal llevar los pies mojados.

Entonces vi el momento de vengarme. Llevé al ciego directamente hasta un pilar o poste* de piedra que estaba en la plaza y le dije:

—Tío, este es el paso más estrecho que hay para cruzar el arroyo.

Como llovía mucho y se mojaba, me creyó y me dijo:

—Ponme bien recto y salta tú el arroyo.

Yo lo puse bien recto frente al poste. Di un salto, me puse detrás del poste y le dije:

—¡Venga! Saltad todo lo que podáis.

soportal *m.* (주로 복수) 처마 | posada *f.* 객줏집, 여인숙 | arroyo *m.* 내, 개울 | mojarse 젖다 | pilar *m.* (시멘트) 기둥 | poste *m.* 기둥, 전봇대 | paso *m.* 길목, 통로

El ciego cogió impulso y dio un salto con todas sus fuerzas. Entonces se dio contra el poste en la cabeza y se cayó al suelo medio muerto y con la cabeza hundida.

—¿Qué pasó? ¿Olisteis la longaniza y no habéis olido el poste? ¡Oled! ¡Oled! —le dije yo.

Dejé al ciego rodeado de gente que había ido a ayudarlo y me fui corriendo. Antes de que se hiciera de noche llegué a Torrijos[4]. No supe nada más del ciego, ni quise saberlo.

4 Torrijos(토리호스): 톨레도 지방의 마을로서 톨레도와 살라망카의 사이에 있습니다.

TRATADO SEGUNDO

6 *Lázaro cuenta lo que le sucedió con un clérigo*

Al día siguiente, me fui a Maqueda[5]. Allí, mientras pedía limosna, un clérigo me preguntó si sabía ayudar a misa. Yo dije que sí, como era verdad. Y es que el ciego, aunque me maltrataba, me enseñó muchas cosas. Finalmente, el clérigo me tomó a su servicio.

Escapé del trueno y di en el relámpago. Comparado con el clérigo, el ciego era generoso. Toda la miseria del mundo estaba encerrada en el clérigo. No sé si era cosa suya o la había tomado con el hábito de clerecía.

> Escapé del trueno y di en el relámpago는 나쁘거나 불리한 상황 뒤에 찾아오는 더 열악할 상황을 가리키는 속담입니다. 여기서는 첫 번째 주인보다 더 지독한 두 번째 주인을 만났음을 비유한 표현입니다.

El clérigo tenía un baúl* viejo cerrado con su llave. La llave la tenía atada a la capa* con una correa*. En el baúl metía los panes que llevaban a la iglesia. En toda la casa no había nada de comer. No había como en otras casas tocinos y quesos. Solamente había una ristra de cebollas guardadas bajo llave en una habitación. De estas cebollas me daba una para cada cuatro días. Cuando le pedía la llave para ir a por la cebolla, si había alguien presente, me daba la llave diciendo:

clérigo *m.* (천주교) 성직자 | clerecía *f.* (집합 명사) 성직자, 성직 | baúl *m.* (여행용) 트렁크 | capa *f.* 망토 | correa *f.* 가죽끈, 혁대 | ristra *f.* 마늘이나 양파의 줄기로 엮은 줄

5 Maqueda(마케다): 톨레도 지방의 토리호스와 에스칼로나 사이에 있는 마을입니다.

—Toma, devuélvemela pronto y no comas golosinas.

De esta forma, yo me moría de hambre mientras él comía diariamente su buena ración* de carne.

> ración은 배급되는 양을 의미하는데 buena와 함께 쓰이면 '충분한 양'을 의미합니다.

En esta tierra los sábados se comen cabezas de carnero y él me enviaba siempre a comprar una. Luego la cocía y se comía los ojos, la lengua, los sesos y hasta la carne de las mandíbulas. A mí me daba los huesos roídos diciendo:

—Toma, come, disfruta, que para ti es el mundo. ¡Mejor vida tienes que el Papa!

«¡Ojalá te la dé Dios a ti igual!», decía yo para mí.

◀7 Después de tres semanas, estaba tan delgado que no podía tenerme en pie. Claramente me vi ir a la sepultura si Dios y mi saber no me ayudaban. Él, por ocultar su mezquindad, me decía:

—Mira, mozo, los sacerdotes deben ser muy moderados en su comer y beber.

Pero el clérigo mentía porque en los velatorios y otras reuniones religiosas comía y bebía como lobo. En aquellas ocasiones, yo me hartaba de comer. Por eso, yo rezaba cada día para que alguien muriese, pues así yo comería. En los seis meses que allí estuve, sólo veinte personas fallecieron y pienso que las maté yo con mis oraciones.

ración *f.* 배급량, 몫 | carnero *m.* 양, 숫양, 양고기 | roído/a 갉아먹힌, 닳아빠진 | Papa *m.* (천주교) 교황 | mezquindad *f.* 인색함 | velatorio *m.* 영안실 | rezar *tr.* 빌다, 기도 드리다

Pensé muchas veces en dejar al mezquino amo. Pero no lo hacía por dos razones. En primer lugar, porque no me sostenían mis piernas del hambre que pasaba. En segundo lugar, porque me daba miedo encontrar un amo peor. Por eso me decía a mí mismo: «Yo he tenido dos amos: el primero me traía muerto de hambre. Cuando lo dejé, topé con este otro, que me tiene ya con ella en la sepultura. Si lo abandono y encuentro a otro peor, directamente moriré.»

Con estos pensamientos no osaba moverme.

osar + *inf.*: 감히 ~하다

Un día que el ruin de mi amo había salido, llegó a mi puerta un calderero y me preguntó si tenía algo que arreglar.

Yo le dije:

—Tío, he perdido la llave del arca y temo que mi amo me azote. Por vuestra vida, ¿tenéis alguna llave que pueda abrirla? Yo os la pagaré.

El calderero comenzó a probar con todas las llaves que llevaba y yo le ayudaba con mis oraciones. Al poco vi el arca abierta y dentro la cara de Dios en forma de panes. Entonces le dije:

—Yo no tengo dinero que daros por la llave pero coged de ahí el pago.

El calderero cogió un pan y se fue muy contento, dejándome más contento a mí.

topar *tr.* 우연히 만나다 | ruin 비열한, 인색한 | azote *m.* 채찍, 회초리 | calderero *m.* 보일러 수리업자 (*f.* calderera) | arca *f.* 궤, 금고

8 Ese día no toqué nada para que mi amo no se diese cuenta. Al día siguiente, cuando mi amo salió de casa, abrí el arca y me comí un pan. Luego cerré el arca y comencé a barrer la casa muy contento. Pero no me duró mucho la alegría porque al tercer día mi amo contó los panes y dijo:

—Si no tuviera bien cerrada el arca con la llave, pensaría que me han quitado panes. Para evitar la sospecha, a partir de hoy llevaré bien la cuenta de ellos. Ahora hay nueve panes y un pedazo.

Lo que dijo el clérigo me traspasó el corazón y el estómago, que volvió a dolerme de hambre. Luego el clérigo salió de casa. Yo, para consolarme, abrí el arca y comencé a adorar los panes. Luego los conté y comprobé que no se equivocó al contarlos. Todo lo que pude hacer ese día fue dar mil besos a los panes y comer un poco del pedazo suelto.

Como cada vez tenía más hambre, yo abría y cerraba el arca para ver el pan. De pronto, Dios me trajo a la memoria un remedio y me dije a mí mismo: «Esta arca es vieja y está rota por algunas partes. Se puede pensar que los ratones entran en ella y se comen el pan.»

Dicho esto, cogí varios panes y los desmigajé sobre un mantel. Después, me comí las migas. Cuando llegó mi amo y vio los panes, pensó que habían sido los ratones. Miró el arca por todas partes y encontró unos agujeros y me llamó diciendo:

desmigajar *tr.* 잘게 부수다, 찢다 | miga *f.* (빵 등의) 부스러기, 쪼가리

—¡Lázaro, mira, mira qué persecución ha sufrido nuestro pan esta noche!

Yo me hice el sorprendido y le pregunté qué podía ser.

—¿Qué ha de ser? —dijo él—. Ratones, que no dejan cosa con vida.

Nos pusimos a comer y tuve suerte. Me dio más pan que otros días porque ralló con un cuchillo todo lo que pensó que estaba ratonado. Él me dijo:

—Cómete eso, que el ratón es cosa limpia.

Luego me vino otro susto, pues vi a mi amo quitar los clavos de las paredes y buscar tablas para tapar los agujeros del arca.

Entonces me dije: «¡Oh Señor mío, qué poco duran los placeres de nuestra dura vida!».

Así me lamentaba yo mientras mi aplicado carpintero* con muchos clavos y tablas tapó los agujeros del arca y dijo:

—Ahora, ratones traidores*, cambiad de casa. Aquí no tenéis nada que hacer.

Después se fue. Entonces miré el arca. No había ni un agujero por donde entrase un mosquito*. El hambre volvió con toda su fuerza. Como era tanta, sólo pensaba en volver a comer.

ratonar *tr* (쥐가 빵 등을) 갉아먹다 | carpintero *m.* 목수 (*f.* carpintera) | traidor *m.* 배신자, 배반자 (*f.* traidora) | mosquito *m.* 모기

◀9 Una noche, mientras mi amo roncaba*, cogí un cuchillo y le hice un buen agujero al arca. Luego abrí el arca, cogí un pan y volví a desmigajarlo y a comerme las migas. Después me fui a dormir. Al día siguiente, mi amo vio el agujero. Entonces se enfadó y dijo:

—¿Qué diremos a esto? ¡Nunca antes había habido ratones en esta casa!

Y sin duda decía la verdad —pensé yo—, pues no hay ratones donde no hay comida. El clérigo cogió otra vez clavos y tablas para tapar el agujero. Pero todos los agujeros que él tapaba por el día yo los abría por la noche. El clérigo vio que no servía de nada lo que hacía y dijo:

—Esta arca está tan maltratada y la madera es tan vieja que cualquier ratón puede roerla. Será mejor que ponga dentro una trampa para cazar a los ratones.

Luego pidió prestada una ratonera. Puso cortezas* de queso dentro y dejó la ratonera en el arca. Esta solución era mejor para mí, pues además del pan, me comía las cortezas de queso.

El clérigo no entendía lo que pasaba. Preguntaba a los vecinos quién podría comerse el queso sin caer en la trampa de la ratonera. Un vecino le dijo:

roncar 코를 골다 | maltratado/a 파손된, 피해를 입은 | roer *tr.* 갉다, 갉아내다 | ratonera *f.* 쥐덫 | corteza *f.* 겉껍질, 표면

—En vuestra casa solía andar una culebra*. Ella debe de ser. Como es larga, puede coger el cebo y salir sin quedarse atrapada.

Mi amo creyó lo que dijo el vecino y desde entonces no podía dormir. Se despertaba con cualquier ruido. Cogía un garrote que tenía en la cabecera de la cama y daba grandes garrotazos en el arca. A los vecinos despertaba y a mí no me dejaba dormir, aunque me hacía el dormido. Por la mañana, el clérigo me decía:

—Esta noche, mozo, ¿no oíste nada? Pues fui tras la culebra. Creo que se esconde en tu cama buscando calor.

—¡Ruego a Dios que no me muerda —decía yo—, que me dan mucho miedo!

Desde ese día mi amo no dormía por las noches. Yo tampoco, pues temía que me encontrara la llave que guardaba debajo de las pajas donde dormía. Me pareció que lo más seguro era meterme la llave dentro de la boca por la noche.

Pues, así como digo, cada noche me metía la llave en la boca y dormía sin cuidado. Sin embargo, cuando la desgracia está por venir de poco vale la diligencia. Una noche que estaba durmiendo la llave se colocó de tal forma en mi boca, que el aire de mi respiración, al pasar por la llave, producía un silbido* intenso. Mi amo oyó elsilbido y creyó que era la culebra.

culebra *f.* (주로 독이 없는 작은) 뱀 | cebo *m.* 미끼, 먹이 | garrote *m.* 몽둥이, 막대기 | garrotazo *m.* 몽둥이질, 몽둥이로 때리기 | silbido *m.* 휘파람, 휘파람 소리 | intenso/a 강렬한, 강한

Se levantó sin hacer ruido con el garrote en la mano. Se acercó despacio a mi cama. Pensó que la culebra estaba allí, entre las pajas, al calor mío. Levantó el palo y con toda su fuerza me dio en la cabeza un golpe tan grande que me dejó inconsciente y descalabrado.

El clérigo sintió que me había dado a mí y me llamaba a voces para que recuperara el sentido. Luego me tocó con la mano y comprobó que sangraba mucho y se dio cuenta del daño que me había hecho. Fue a buscar lumbre y con ella vio que tenía una llave en mi boca. Me sacó la llave de la boca y se dio cuenta de que era como la suya. Fue a comprobar si abría el arca y así descubrió el engaño. Entonces el clérigo debió de decir: «He encontrado al ratón y la culebra que se comían mi hacienda.»

Nunca supe qué sucedió en aquellos tres días, porque fue como si los pasara en el vientre de la ballena[6]. Cuando recuperé el sentido me vi echado en mis pajas con la cabeza llena de vendas y ungüentos. Asustado dije:

—¿Qué es esto?

El cruel clérigo me respondió:

—Ya he cazado a los ratones y a la culebra.

inconsciente 무의식의, 의식을 잃은 | descalabrar *tr.* 머리에 상처를 입히다 | ungüento *m.* 고약, 연고

6 vientre de la ballena: 라사로는 자신을 하나님께 불순종하여 고래의 배 속에서 사흘을 보냈던 성경 속의 선지자 요나에 비유하고 있습니다.

Entonces me vi tan herido que imaginé lo que había pasado.

En ese momento entró una vieja curandera* y unos vecinos. La vieja comenzó a curarme el garrotazo y los vecinos se alegraron al verme despierto y dijeron:

—Pues ha recuperado el sentido, querrá Dios que no sea nada.

Luego los vecinos, contando mis penas, se reían y me daban de comer. Poco a poco, a los quince días, me levanté medio sano y con hambre. Al día siguiente, mi amo me cogió de la mano, me sacó a la calle y me dijo:

—Lázaro, desde hoy eres tuyo y no mío. Busca amo y vete con Dios. Yo no quiero por compañía tan diligente criado. Sin duda, tienes que haber sido mozo de ciego.

Y, santiguándose, como si yo fuera el demonio, se metió en casa y cerró su puerta.

curandora *f.* 돌팔이 의사, 민간 유법 의사 (*m.* curandero) | poco a poco 조금씩, 천천히 | diligente 부지런한, 근면한 | santiguar *tr.* (성부, 성자 및 성령을 말하며) 성호를 긋다

TRATADO TERCERO

◀10 *Lázaro cuenta lo que le pasó con un escudero al que sirvió*

Tuve que sacar fuerzas de flaqueza. Poco a poco, con ayuda de la buena gente, llegué a la insigne* ciudad de Toledo. Allí, a los quince días, la herida cicatrizó*. Mientras estuve herido, la gente me dio limosna. Después, cuando me curé, la gente me decía:

—Tú eres un bellaco y un pedigüeño. Busca, busca un buen amo a quien sirvas.

—¿Y dónde lo encontraré? —me preguntaba yo.

Un día, andando de puerta en puerta, me topé con un escudero que iba paseando por la calle. Iba bien vestido y bien peinado. Él me miró. Yo lo miré y él me dijo:

—Muchacho, ¿buscas amo?

Yo le dije:

—Sí, señor.

—Pues vente conmigo —me respondió—. Has tenido suerte al encontrarme. Alguna buena oración rezaste hoy.

escudero *m.* 혈통이 귀족인 사람, 하급 귀족 | fuerza *f.* (몸의) 힘, 기운, 체력 | flaqueza *f.* 여윔, 쇠약, 나약함 | insigne (=célebre) 유명한, 고명한 | cicatrizar *tr.* 상처를 아물게 하다 | bellaco 마음씨가 나쁜, 불량한 혹은 그런 사람 (*f.* bellaca) | pedigüeño 부적절한 요구가 많은 혹은 그런 사람 (*f.* pedigüeña)

Yo lo seguí, dando gracias a Dios. Por su aspecto, pensé que había encontrado el amo que necesitaba.

Era por la mañana cuando me encontré con mi tercer amo. Me llevó tras él gran parte de la ciudad. Pasábamos por las plazas donde se vendía pan y otros alimentos. Yo pensaba que íbamos a comprar pan y otros alimentos, pero pasábamos de largo por las tiendas. Yo me decía: «Querrá comprarlos en otro lugar».

11 De esta manera anduvimos hasta las once. Entonces mi amo entró en la iglesia mayor y yo tras él. Le vi oír misa y los otros oficios divinos hasta que todo se acabó. Luego salimos de la iglesia y fuimos deprisa por una calle abajo.

Llegamos a una casa cuando el reloj daba la una. Mi amo se paró ante la puerta, sacó una llave, abrió la puerta y entramos en la casa. La entrada de la casa era oscura y lúgubre. Tan oscura que daba miedo entrar en ella. Dentro de la casa había un patio pequeño y buenas habitaciones.

Mi amo se quitó la capa. Luego la dobló cuidadosamente y la dejó en un banco de piedra. Después nos sentamos y mi amo me preguntó de dónde era y cómo había llegado a aquella ciudad. Yo le conté mi vida ocultándole mis defectos. Eran las dos y me dio mala señal no sentir a nadie en la casa. Así, tras observar que en la casa no había nada más que las paredes, pensé que aquella era una casa encantada. Entonces mi amo me dijo:

oficio divino *m.* 성무 일과 | lúgubre 쓸쓸한, 음산한 | doblar *tr.* 접다, 개다

—Tú, mozo, ¿has comido?

—No, señor —dije yo—, pues aún no eran las ocho cuando lo encontré a usted.

—Pues, aunque era temprano, yo había almorzado ya. Te hago saber que hasta la noche no comeré nada. Así que aguanta como puedas, que después cenaremos.

Sepa usted que cuando le oí decir esto estuve a punto de desmayarme. No por el hambre, sino por conocer que tenía la suerte en contra. Recordé lo que pensaba cuando quería abandonar al clérigo y temía encontrar un amo peor. Con todo, disimulé lo mejor que pude y le dije:

estar a punto de + *inf.*: 막 ~하려던 참이다

—Señor, mozo soy, pero sé pasarme sin comer.

—Buena virtud es esa —dijo él—, y por eso te querré yo más. Porque comer mucho es de cerdos y comer poco es de hombres de bien.

Yo dije para mí:

—¡Bien te he entendido! ¡Maldita medicina y bondad la de pasar hambre!

Luego me puse junto al portal. Saqué unos pedazos de pan que tenía de las limosnas. Mi amo me vio y me dijo:

—Ven aquí, mozo. ¿Qué comes?

Yo me acerqué y le enseñé el pan. Él cogió el trozo más grande y me dijo:

aguantar *tr.* 억제하다, 억압하다

—Por mi vida, parece buen pan.

—Así es —dije yo.

—¿Dónde lo encontraste? —dijo él—. ¿Lo han amasado* manos limpias?

—No lo sé, pero a mí me gusta —le dije.

—Quiera Dios que así sea —dijo el pobre de mi amo.

Y, llevándose el pan a la boca, comenzó a dar grandes bocados*.

—Sabrosísimo pan —dijo.

sabrosísimo는 sabroso(맛있는)의 절대 최상급 표현으로 '아주 맛있는'을 의미합니다. 스페인어에서는 일반적으로 형용사의 마지막 모음을 삭제하고 어미 '-ísimo/a'를 붙여 '매우 ~한'의 의미를 나타냅니다.

Entonces supe de qué pie cojeaba mi amo y me comí rápidamente el pan que quedaba. Pues si acababa él antes, se lo comería todo. Después mi amo entró en una habitación y sacó un jarro viejo y desbocado. Bebió y me ofreció el jarro para que bebiera.

saber de qué pie cojea는 '약점을 알다'라는 뜻으로 여기에서는 '의도(속셈)를 알다'라는 의미입니다.

Yo, para quedar bien, le dije:

—Señor, no bebo vino.

—Es agua, así que puedes beber —me respondió.

Entonces tomé el jarro y bebí un poco.

Estuvimos hasta la noche hablando de las cosas que me preguntaba. Luego entramos en la habitación donde estaba el jarro y me dijo:

amasar *tr.* 반죽하다 | bocado *m.* 한입, 물어뜯기 | desbocado/a 주둥이가 넓은, 이가 빠진 (그릇)

—Mozo, párate allí y vamos a hacer la cama. Así aprenderás a hacerla en adelante. Él se puso de un lado de la cama y yo del otro. Hicimos la negra cama, aunque no había mucho que hacer. La cama era un cañizo puesto sobre unos bancos. Sobre el cañizo estaba tendida la ropa sucia que servía de colchón. Cuando terminamos me dijo:

—Lázaro, ya es tarde y la plaza está lejos. Además, en la ciudad andan muchos ladrones por la noche. Pasemos como podamos la noche y mañana Dios nos ayudará.

—Señor, no se preocupe por mí —dije yo—. Sé pasar una noche sin comer y varias si es necesario.

—Vivirás más y más sano —me respondió—. Para vivir mucho no hay nada mejor que comer poco.

Yo pensé para mí: «Si es así, nunca moriré, porque por fuerza siempre he comido poco».

Mi amo se acostó. Puso de almohada las calzas y el jubón y me dijo que me acostase a sus pies. No pude dormir nada, pues las cañas y mis salidos huesos estuvieron toda la noche de pelea. Además, como no había comido casi nada, me moría de hambre. Por no despertarlo, no me moví en toda la noche y le pedí a Dios muchas veces la muerte.

cañizo *m.* 갈대로 엮은 발 | tendido/a 펼쳐진, 늘어진 | almohada *f.* 베개 | calzas *f.* (복수) 긴 양말, 스타킹 | jubón *m.* (어깨부터 허리까지 덮었던) 조끼

12 Por la mañana nos levantamos. Mi amo sacudió la ropa y se vistió despacio. Se lavó las manos y se peinó. Después cogió la espada, se la puso en el cinturón y me dijo:

—¡Oh, mozo! ¡Mira qué espada! No la daría por todo el oro del mundo.

Al decir esto, sacó la espada de su funda, la examinó con los dedos y dijo:

cortaría는 가능법 동사형으로 '~을/를 자를 텐데'라는 뜻입니다. 여기에서는 가능법 용법 중 하나인 실현 가능성이 없는 일에 대한 바람을 표현한 것입니다.

—Con esta espada cortaría hasta un copo de lana.

Yo me dije: «Y yo con mis dientes, aunque no son de acero, cortaría un pan de dos kilos».

El escudero volvió a guardar la espada en su funda. Se echó la capa sobre el hombro y salió por la puerta diciendo:

—Lázaro, cuida de la casa mientras oigo misa. Haz la cama y ve por agua al río. Cuando salgas, cierra la puerta con llave, no nos hurten algo. Después deja la llave junto a la puerta, así podré entrar cuando vuelva.

Luego se fue calle arriba muy contento. Quien no lo conociera, diría que era un conde*. Yo me quedé diciendo para mí:

copo *m.* 실타래, 엉긴 덩이 | conde *m.* 백작

—Bendito seáis, Señor, que dais la enfermedad y ponéis el remedio. ¿Quién, viendo a mi amo tan contento, no pensará que ha cenado y dormido como un rey? ¿Quién diría que ha pasado un día y una noche con un mendrugo de pan? Nadie lo sospecharía. ¡Oh, Señor, cuántos como mi amo habrá en el mundo que sufren por la negra honra* lo que por ti no sufrirían!

Luego entré en casa. Hice la dura y negra cama y fui al río a coger agua. Allí estaba mi amo en una huerta cortejando a dos mujeres de las que no hacen falta por allí. De esas que van las mañanicas del verano a refrescarse y almorzar sin llevar nada, confiadas en que algún hidalgo las invitará.

no hace falta는 '필요 없다'는 뜻으로 여기에서는 과수원에 필요 없는 한가한 여성들을 묘사하기 위해 사용된 표현입니다.

mañanica는 아침(mañana)의 축소형으로 여기서는 복수로 쓰여 '아침마다'라는 뜻입니다.

Como digo, mi amo decía a las mujeres más dulzuras que Ovidio[7] escribió. Las mujeres, como vieron a mi amo apasionado*, le pidieron que las invitara a almorzar. Él, como no tenía dinero, comenzó a poner excusas* y ellas imaginaron su pobreza y se fueron.

Yo, mientras, desayuné unas hojas de berzas. Luego, sin ser visto por mi amo, volví a casa. Pensé en barrer la casa, pero no encontré con qué barrerla. Luego esperé a que viniese mi amo.

mendrugo *m.* 딱딱한 빵 조각 | honra *f.* 명성, 영예 | huerta *f.* 과수원, 채소밭 | cortejar *tr.* (여성에게) 사랑을 호소하다, (누구에게) 아첨하다 | hidalgo *m.* 시골 양반, 하급 귀족 | apasionado/a 격정적인, 열정적인 | excusa *f.* 변명, 핑계 | berza *f.* 양배추

7 Ovidio(오비디우스): 로마의 시인으로 "사랑의 기술"과 "변신 이야기"를 쓴 작가입니다.

Cuando vi que eran las dos del mediodía y el hambre me aquejaba salí de casa y me fui a buscar algo de comer. Puse voz de enfermo y pedí pan por las casas más grandes. Como el oficio de pedir lo había mamado en la leche, a las cuatro había conseguido pan, uña de vaca y tripas cocidas.

◀13 Cuando llegué a casa, el bueno de mi amo estaba en ella. Paseaba por el patio. Me preguntó de dónde venía y le dije:

—Señor, esperé hasta las dos. Como no venía, fui a pedir comida y me han dado esto que veis.

Le enseñé el pan y las tripas. Puso buena cara y dijo:

—Te he esperado para comer y, como no venías, ya he comido. Has hecho bien. Más vale pedir por Dios que robar. Sólo te pido que no sepan que vives conmigo, por lo que toca a mi honra. No obstante, creo que quedará en secreto, pues nadie me conoce en este pueblo. ¡Nunca debí venir!

> más vale A que B:
> B하는 것보다는 A하는 것이 더 낫다

—No se preocupe, señor —le dije yo—, que no diré nada.

—Come ahora, pecador. Si Dios quiere, pronto nos veremos sin necesidad. Aunque desde que vivo en esta casa nunca me ha ido bien. Según dicen, hay casas encantadas que contagian a los que viven en ellas su desgracia. Yo te prometo que nos iremos al acabar el mes. No me quedaría en ella aunque me la regalasen.

aquejar *tr.* (병, 걱정 등이 나쁘게) 지장을 주다, 영향을 주다 | uña de vaca (정육점용으로 자른) 소의 앞발 | tripa *f.* (동물의) 창자, 내장 | cocido/a 삶은, 찐

Luego me senté en el suelo y comencé a comer las tripas y el pan. De vez en cuando miraba a mi amo. Él no dejaba de mirarme. Me daba mucha pena porque sabía que tenía hambre. Pensé convidarle a comer, pero no me atreví.

Quiso Dios cumplir mi deseo y el suyo. Así, al comenzar a comer, él se llegó a mí y me dijo:

—Lázaro, da envidia verte comer. A quien te ve le abres el apetito aunque no lo tenga.

Yo le contesté:

—Señor, este pan está sabrosísimo y esta uña de vaca tan bien cocida y sazonada invita a comer.

—¿Es uña de vaca? —me preguntó.

—Sí, señor.

—Pues te digo que es el mejor bocado del mundo y no hay faisán que me sepa mejor.

—Pues pruebe, señor, y verá qué buena está.

Le puse en las uñas la otra y unos trozos de pan y se sentó a mi lado. Comenzó a comer royendo cada huesecillo como si fuera un galgo.

—Por Dios, que me ha sabido como si no hubiera comido nada.

- huesecillo는 hueso(뼈)의 지소사입니다.
- como si fuera는 '마치 ~처럼'이란 뜻으로 현재의 사실과는 다른 상황을 묘사할 때 사용하는 표현입니다.

sazonado/a 무르익은, 감칠맛 나는 | faisán *m.* 꿩 | galgo *m.* 사냥개

Después de cenar nos fuimos a dormir como la noche pasada. Durante ocho o diez días hice lo mismo. Mi amo se iba por la mañana a comer aire por las calles y yo salía a pedir comida.

Mi vida era un desastre. Escapé de mis otros amos buscando mejorar y topé con un amo al que tenía que mantener. A pesar de todo, lo quería bien, pues no me daba porque no tenía nada. Sin embargo, el avaro ciego y el mezquino clérigo me mataban de hambre teniendo para remediarlo. Dios es testigo que, hasta hoy en día, cuando veo un escudero le tengo lástima. Me pregunto si sufrirá lo que mi amo sufría.

14 Volviendo a mi relato, sucedió que aquel año hubo escasez de trigo. Por ello, el ayuntamiento ordenó que todos los extranjeros pobres se fuesen de la ciudad. Y si encontraban alguno, lo castigarían con azotes. Y así fue, a los cuatro días vi una procesión de pobres azotados por las Cuatro Calles[8]. Desde ese día, no me atreví a salir para pedir comida.

Estuvimos dos o tres días sin comer bocado ni hablar palabra. A mí me dieron la vida unas mujeres hilanderas de algodón que hacían gorros y eran vecinas nuestras. De la pena que les daba, me daban algo de comer.

hilandero/a 방직공, 방직업자

8 Cuatro Calles(쿠아트로 카예스): 톨레도 성당과 소코도베르(Zocodover) 광장 사이에 있는 교차로의 이름입니다.

Mi amo me daba mucha más pena. No comió durante ocho días, al menos en casa. No sé dónde andaba durante el día ni qué comía. Pero al mediodía volvía a casa. Luego salía a la puerta de la calle y, por lo de su negra honra, con una pajita fingía limpiarse los dientes, aunque no había comido nada. Después me decía:

—Mozo, esta casa es lúgubre, triste y oscura. Mientras estemos aquí, sufriremos. Tengo ganas de que finalice el mes para salir de ella.

Un día, no sé cómo, mi amo trajo un real. Estaba más orgulloso que si tuviera el tesoro de Venecia. Con gesto alegre me dio el real diciendo:

real은 오늘날 25센트에 해당하는 옛 동전을 말합니다.

—Toma, Lázaro, que Dios va abriendo su mano. Ve a la plaza y compra allí pan, vino y carne. Te hago saber que he alquilado otra casa y aquí no estaremos más. ¡Maldita sea la casa y el que puso la primera teja!* Desde que vivo en ella, no he bebido gota de vino ni comido bocado de carne. Vete y vuelve rápido porque hoy comeremos como condes.

Cogí el real y el jarro y me fui deprisa a la plaza. Iba muy contento y alegre. Pero mi triste fortuna quiere que no haya ningún gozo* sin pena. Y así fue, porque yendo por la calle me encontré a mucha gente que llevaba un muerto. La viuda lloraba y decía:

teja *f.* 기와, 기왓장 | gozo *m.* 기쁨, 즐거움, 환희

—Marido y señor mío, ¿dónde os llevan? ¡A la casa triste, a la casa oscura! ¡A la casa donde nunca comen ni beben!

Cuando oí aquello, se me juntó el cielo con la tierra y me dije:

juntársele a alguien el cielo con la tierra는 '하늘과 땅이 합쳐지다', 즉 '하늘이 무너지고 땅이 꺼진다'는 의미로 '뜻밖에 심각한(위험한) 상태에 처하다'라는 표현입니다.

—¡Oh, desgraciado de mí, para mi casa llevan este muerto!

Dejé el camino que llevaba y volví corriendo a casa. Entré chillando, me abracé a mi amo y le pedí que protegiera la entrada de la casa. Entonces él me dijo:

—¿Qué te pasa, mozo? ¿Por qué gritas? ¿Por qué cierras la puerta con tanta furia?

—¡Oh, señor! —dije yo—. ¡Venga aquí, que nos traen un muerto a casa!

—¿Cómo es eso? —respondió él.

—Encontré en la calle un entierro. La viuda del muerto decía: «Marido y señor mío, ¿dónde os llevan? ¡A la casa oscura, a la casa triste, a la casa donde nunca comen ni beben!». Acá, señor, nos lo traen.

Cuando mi amo oyó aquello, empezó a reír. Se rio tanto que estuvo mucho rato sin poder hablar. La gente del entierro pasó de largo con el muerto. Entonces mi amo dijo:

—Ciertamente, según lo que decía la viuda, tuviste razón en pensar lo que pensaste. Pero ya ves, Dios ha querido que pasen de largo. Abre, abre y ve a comprar la comida.

—Espera, señor, que acaben de pasar la calle —dije yo.

Al fin, mi amo abrió la puerta y me hizo salir a la calle. Luego fui a comprar la comida. Aquel día comimos bien, aunque yo no lo disfruté. El susto del muerto no se me quitó en tres días. Mi amo, sin embargo, se reía siempre que se acordaba.

Un día que habíamos comido bien y mi amo estaba contento, me contó su vida.

◀15 Me dijo que era de Castilla la Vieja[9]. Había dejado su tierra porque no se quitó el sombrero para saludar a un caballero vecino suyo.

—Señor, si él era caballero y tenía más que usted, ¿no debíais quitaros el sombrero primero? —dije yo.

—Sí. Pero no siempre. Él nunca se lo quitaba antes que yo. Tú eres joven y no entiendes nada de la honra. Yo soy, como ves, un escudero, pero merezco respeto como el que más. Un día ofendí en mi tierra a un artesano. Cada vez que lo encontraba, me decía: «Mantenga Dios a Vuestra Merced». «Tú, don villano ruin —le dije yo—, ¿por qué no sois bien educado? ¿Me saludáis como si fuese un don nadie?» Desde entonces, se quitaba el sombrero cuando pasaba y me hablaba como debía.

Vuestra Merced는 의고체로 '귀하'라는 뜻입니다.

don은 남성 이름 앞에 붙이는 경칭으로 '~씨, ~님'을 뜻하고, villano는 villa(마을)에 사는 '평민', '촌사람'을 지칭하고 '무례한', '버릇없는 사람'을 뜻합니다. 따라서 don villano는 상대방에 대한 경멸의 표현으로 '촌뜨기 양반' 정도로 번역할 수 있습니다.

9 Castilla la Vieja(카스티야 라 비에하): 스페인의 옛 지명이며, 오늘날의 카스티야(Castilla), 산탄데르(Santander), 라 리오하(La Rioja) 주를 일컫습니다.

—¿No está bien saludar un hombre a otro diciéndole que le mantenga Dios? —dije yo.

—¡Qué tonterías dices! —dijo él—. Eso se lo dicen a los hombres de poca importancia. A los importantes como yo nos deben decir: «Beso las manos de Vuestra Merced». Además, yo no soy tan pobre. Tengo casas que valdrían mucho dinero si no estuvieran en ruinas. Tengo también un palomar que, si no estuviera derribado, daría más de doscientos palominos al año. Vine a esta ciudad porque pensaba que iba a encontrar un buen contrato. Pero sólo he encontrado trabajos donde te pagan lo comido por lo servido. Yo quiero servir a grandes señores. Sé contentarles a las mil maravillas. Les reiría las gracias y nunca diría nada que les molestase. Les hablaría de la vida de los demás, como se hace en palacio. Pero la suerte no quiere que encuentre un señor de estos.

> Beso las manos de Vuestra Merced는 존경과 순종의 표식으로 사용하는 예식이며, 일반적으로 문서 혹은 의식에서 사용했던 표현입니다.

> lo comido por lo servido는 벌이가 똑같아 아무런 소득이 없는 일을 할 때 사용하는 표현입니다.

Estando relatando su adversa fortuna, entraron por la puerta un hombre y una vieja. El hombre le pidió el alquiler de la casa y la vieja le pidió el alquiler de la cama. Hicieron cuentas. El escudero debía pagar doce o trece reales. Mi amo les dijo que volvieran a la tarde. Que a la tarde les pagaría. Pero el escudero se fue y nunca volvió.

palomar *m.* 비둘기장 | palomino *m.* 비둘기의 새끼

El hombre y la vieja volvieron por la tarde. Yo les dije que mi amo aún no había venido. Se hizo de noche y no apareció. Me fui con las vecinas porque me daba miedo quedarme solo en la casa. Allí dormí aquella noche.

Los acreedores* volvieron por la mañana y preguntaron por mi amo a las vecinas. Las mujeres les respondieron:

—Aquí está su mozo y la llave de la puerta.

Ellos me preguntaron por él. Yo les dije que no sabía dónde estaba. Entonces fueron a buscar al alguacil y al escribano. Llamaron a unos testigos y entraron en la casa. No encontraron nada y me preguntaron:

alguacil은 법원이나 시청의 명령을 집행하는 하급 관리를 말합니다.

—¿Dónde están los muebles?

—No sé —les respondí.

—Esta noche se habrán llevado los muebles a otro sitio —dijeron ellos—. Señor alguacil, detened a este mozo. Él sabe dónde están.

Entonces vino el alguacil y me cogió del cuello. Luego me dijo:

—Muchacho, te arrestaré si no nos dices dónde están los bienes de tu amo.

Tuve mucho miedo y, llorando, prometí decirle lo que me preguntaban.

acreedor *m.* 채권자, 저당권자 (*f.* acreedora) | escribano *m.* 공증인, 대서인 (*f.* escribana)

—Bien está —dijeron ellos—. Di lo que sabes y no tengas miedo.

Se sentó el escribano para escribir el inventario*. Me preguntó qué tenía mi amo:

—Señores, según me contó, él tiene varias casas en ruinas y un palomar derribado —dije yo.

—Bien está —dijeron ellos—. Por poco que eso valga, hay para pagarnos la deuda. ¿Y dónde tiene eso? —me preguntaron.

—En su tierra —les respondí.

—¿Y dónde está su tierra? —dijeron ellos.

—En Castilla la Vieja —les dije.

Las vecinas dijeron:

—Señores, este niño es inocente. Lleva poco tiempo con el escudero y no sabe nada más.

Como era inocente, me dejaron libre.

Así, como he contado, me dejó mi pobre tercer amo. Al contrario de lo que suele ocurrir. En vez de dejar yo a mi amo, me dejó él a mí.

inventario *m.* 목록, 재고 조사

TRATADO CUARTO

◀16 *Lázaro cuenta cómo le fue con un fraile de la Merced*

Mi cuarto amo fue un fraile de la Merced. Era un familiar de las vecinas del escudero. Este fraile era poco amigo de los rezos y de comer en el convento. Le gustaba hacer visitas. Tantas visitas hacía que rompía más zapatos que todo el convento junto. Él me regaló mis primeros zapatos. Pero no me duraron ocho días y yo no pude seguir su trote. Por eso y por otras cosas que no digo, lo dejé.

trote *m.* 속보, 빠른 걸음

TRATADO QUINTO

buldero는 신자들에게 bula를 배포하고 헌금을 모금하는 사제 혹은 관리를 말합니다.

17 *Lázaro cuenta lo que le sucedió con un buldero*

Mi quinto amo fue un buldero. Era el más sinvergüenza* y el mayor vendedor de bulas que jamás he conocido. Usaba muchos engaños y mentiras para vender las bulas.

최상급: 정관사 + más + 형용사 / 정관사 + mayor + 명사
el más sinvergüenza (가장 뻔뻔스러운 사람)
el mayor vendedor de bulas (가장 큰 면죄부 판매인)

여기에서 bula는 문맥상 '면죄부'를 뜻합니다.

Cuando iba a un lugar, primero regalaba a los curas algunas cosillas sin importancia: una lechuga*, un par de duraznos, unas peras*. Así tenía contentos a los curas para que llamasen a los feligreses a tomar la bula. Si estos no querían las bulas por las buenas, buscaba cómo dárselas por las malas.

En un lugar de la Sagra[10] de Toledo había predicado dos o tres días. Pero la gente no quería comprar las bulas. Entonces convocó al pueblo a la mañana siguiente.

Esa noche, después de cenar, el alguacil y mi amo se jugaron el postre* a las cartas. Entonces empezaron a discutir.

sinvergüenza 질이 나쁜, 뻔뻔스러운 (*m.f.* 망나니, 무뢰한) | bula *f.* (로마 교황의) 대칙서, 교서 | lechuga *f.* 상추 | durazno *m.* 복숭아 | pera *f.* 배 | feligrés *m.* 신자, 교구민 (*f.* feligresa) | postre *m.* 후식, 디저트

10 la Sagra(라 사그라): 톨레도의 북동쪽에 있는 지역으로 톨레도와 마드리드 사이의 길목에 해당하는 곳입니다.

Mi amo llamó ladrón al alguacil y el alguacil llamó mentiroso* al buldero. Luego mi amo cogió una lanza grande. Y el alguacil cogió su espada. El alguacil decía que las bulas eran falsas. Cuando la gente oyó las voces fueron a separarlos. Al final se llevaron al alguacil de la posada. Mi amo quedó muy enfadado y luego se fue a dormir.

Por la mañana mi amo fue a la iglesia y mandó tocar a misa. Todo el pueblo se juntó en la iglesia. Todos pensaban que las bulas eran falsas porque lo había dicho el alguacil. Por eso no querían comprarlas. Mi amo se subió al púlpito* para dar el sermón*. Quería animar a la gente para que tomasen la santa bula. Entonces entró el alguacil en la iglesia y dijo:

—Buenos hombres, oídme una palabra. Yo vine aquí con este mentiroso que os predica. Él me engañó. Me pidió que le ayudase a vender las bulas. Me dijo que me pagaría. Ahora, visto el daño que haría a mi conciencia y a vuestras haciendas, estoy arrepentido. Por eso os digo que no las toméis y que yo no tengo nada que ver en el asunto.

Algunos hombres se levantaron para echar al alguacil de la iglesia y evitar escándalos. Pero mi amo les impidió que lo hicieran. Mandó a todo el mundo que dejaran hablar al alguacil. Sin embargo, el alguacil ya no dijo nada. Entonces, mi amo le preguntó si quería decir algo más. El alguacil dijo:

mentiroso/a 거짓말을 잘 하는(*m.f.* 거짓말쟁이) | lanza *f.* 창(槍) | tocar a misa 미사의 종을 울리다 | púlpito *m.* 설교대 | sermón *m.* (천주교) 설교 | escándalo *m.* 스캔들, 큰 소동, 난장판

—Puedo decir muchas cosas más sobre ti y sobre tus mentiras. Pero prefiero callarme por ahora.

Mi amo se puso de rodillas y mirando al cielo dijo:

—Señor Dios, tú que todo lo ves. Tú sabes la verdad. Sabes que he sido ofendido. Pero yo perdono al alguacil para que tú me perdones. No te fijes en él, que no sabe lo que hace ni lo que dice. Te suplico que hagas un milagro. Hunde este púlpito si miento. Si digo la verdad, castiga al alguacil. Que todos conozcan su maldad.

> No te fijes en él은 '그를 주시하지 말라'란 뜻으로 fijarse en의 2인칭 단수 명령형이 쓰였습니다.

Entonces el alguacil se cayó y se dio un gran golpe contra el suelo que resonó en toda la iglesia. Luego, comenzó a gritar, a echar espuma por la boca y hacer gestos. Se revolvía por el suelo de un lado a otro.

El escándalo era tan grande que la gente estaba muy asustada. Algunos intentaron sujetarlo, pero era imposible. La gente suplicó a mi amo que salvase al alguacil. Mi amo miró al alguacil y dijo:

> tan + 형용사 + que ...: 너무 ~해서 ~하다

—Buenos hombres, Dios dice que tenemos que perdonar. Pidamos a Dios que perdone sus mentiras.

fijarse en~ ~을/를 주시하다 | revolverse 돌아눕다, 뒹굴다

Todos se pusieron de rodillas ante el altar y suplicaron el perdón. Luego mi amo rezó una oración para que no le pasara nada malo al alguacil. Después mandó traer la bula y se la puso en la cabeza. Poco a poco, el alguacil se puso mejor. Entonces se echó a los pies de mi amo y le pidió perdón. Dijo que había mentido para vengarse por la discusión de la noche pasada. El señor mi amo le perdonó y volvieron a ser amigos de nuevo. Entonces todo el mundo tomó la bula. No quedó nadie sin tomarla.

La noticia llegó a todos los pueblos cercanos. Así, cuando llegábamos a un pueblo, no nos hacía falta ir a la iglesia. La gente venía a la posada a comprar la bula. Yo creía que era verdad lo que pasó. Pero cuando vi después a mi amo y al alguacil reírse, comprendí que fue un engaño para vender las bulas.

Estuve con mi quinto amo casi cuatro meses. Durante ese tiempo pasé muchas penalidades, aunque me daba bien de comer a costa de los curas y clérigos que visitaba.

a costa de는 직역하면 '~의 비용으로', '~을/를 희생하여' 라는 뜻입니다.

TRATADO SEXTO

◀18 *Lázaro cuenta lo que le pasó con un capellán al que sirvió*

Después serví a un maestro de pintar panderos*. Yo le preparaba los colores. Y también sufrí mil males.

Entonces yo ya era un buen mozo. Un día entré en la iglesia mayor y un capellán me tomó a su servicio. Me dio un asno* y cuatro cántaros* para que vendiese agua por la ciudad. Este fue el primer escalón* que subí para tener una buena vida. Con este trabajo empecé a ganar dinero. Me fue muy bien y después de cuatro años ahorré algún dinero. Me compré ropa vieja y una espada de Cuéllar[11]. Cuando me vi bien vestido, devolví el asno a mi amo y dejé el oficio para encontrar un trabajo mejor.

capellán *m.* 수도원이나 예배당의 주임 사제 | pandero *m.* 탬버린 | asno *m.* 당나귀 | cántaro *m.* 작은 항아리, 단지 | escalón *m.* (계단의) 단

11 Cuéllar(쿠에야르): 세고비아(Segovia)의 마을 이름입니다.

TRATADO SÉPTIMO

19 *Lázaro sirvió a un alguacil y cuenta lo que le pasó con él*

Luego fui ayudante de un alguacil. Viví poco con él porque el oficio era muy peligroso. Una noche nos tiraron piedras y nos pegaron con unos palos. A mí no me dieron, pero no me gustó el trabajo y me fui.

Entonces, a través de unos señores y amigos, conseguí un trabajo que me daría dinero para la vejez. El trabajo es un oficio real. Sólo con trabajos así se puede mejorar.

> oficio real은 지역 사회, 행정부, 왕궁에 제공되는 공적인 업무 또는 서비스를 말합니다.

> pregonero는 관청의 공시(pregón)나 통지(aviso)를 큰 소리로 알리고 다니는 말단 공무원을 말합니다.

Al día de hoy, soy pregonero para servir a Dios y a usted. Anuncio los vinos que se venden en la ciudad. También pregono* los objetos perdidos y otras cosas y acompaño a los condenados por la justicia declarando a voces sus delitos.

Me va muy bien en este trabajo. Soy un experto y todo el mundo me consulta. Si alguien quiere vender algo, Lázaro de Tormes tiene que pregonarlo.

> Me va muy bien은 '나는 아주 잘 지낸다'는 뜻입니다.
> 참고 질문: ¿Cómo te va? 어떻게 지내니?

pregonar *tr.* 큰 소리로 알리다, 폭로하다

Un día, el señor arcipreste de San Salvador, mi señor y amigo suyo, tuvo noticias de mí, pues yo pregonaba sus vinos. El señor arcipreste me quiso casar con una criada suya. Yo acepté y me casé con la criada. Hasta ahora no me he arrepentido. Es una buena mujer y además tengo el favor del arcipreste. Siempre me regala trigo y por las Pascuas me da carne. También me da las calzas viejas que deja de usar. El arcipreste nos alquiló una casa junto a la suya. Así, los domingos y fiestas comemos en su casa.

Pero las malas lenguas no nos dejan vivir. Dicen no sé qué y sí sé qué de que ven a mi mujer hacerle la cama y la comida. Pero un día, delante de mi mujer, el arcipreste me dijo:

—Lázaro de Tormes, no te preocupes por lo que diga la gente. Las malas lenguas hablan de tu mujer porque la ven entrar y salir de mi casa. Pero te prometo que tu honra y la de ella están a salvo. Por tanto, no mires lo que digan, sino lo que te toca. Es decir, tu provecho.

no A sino B: A가 아니라 B이다
no mires lo que digan, sino lo que te toca는 '사람들이 말하는 것을 보지 말고, 네가 해야 할 일을 보라'는 뜻입니다.

—Señor —le dije—, yo decidí acercarme a los buenos para ser uno de ellos. Es verdad que algunos de mis amigos me han dicho algo de eso. Dicen, con perdón, pues está ella delante, que mi mujer tuvo tres hijos antes de casarse conmigo.

arcipreste *m.* 수석 사제, 주임 목사 | trigo *m.* 밀, 참밀 | Pascuas *f.* 성탄절, 부활절 | estar a salvo 무사하다, 안전하다

Entonces mi mujer se puso a maldecir. Yo pensé que la casa se venía abajo. Después comenzó a llorar sobre el arcipreste. Me arrepentí de haber dicho aquello. Mi señor el arcipreste y yo calmamos a mi mujer y ella cesó su llanto. Luego le prometí que nunca más en la vida hablaría de eso. Le dije también que podía entrar y salir de casa del arcipreste de noche o de día, que yo estaba seguro de que era una buena mujer. De esta manera, los tres quedamos contentos.

Hasta el día de hoy, nunca nadie nos oyó hablar sobre el caso. Por el contrario, cuando alguien quiere hablar de mi mujer, lo interrumpo y le digo:

—Si eres mi amigo, no me digas nada que me haga daño. Pues no es amigo mío el que me hiere. Mi mujer es lo que más amo en el mundo. Juro ante la hostia consagrada que es la mejor mujer que vive en Toledo. Mataré a quien diga lo contrario.

hostia consagrada는 천주교 미사에서 예수의 몸을 기념하여 신자들에게 나눠 주는 가늘고 둥그런 잎 모양의 빵을 가리킵니다.

Así, mis amigos no me dicen nada y yo tengo paz en mi casa.

Esto ocurrió el mismo año que nuestro victorioso Emperador[12] tuvo Cortes[13] en Toledo. En ese tiempo alcancé mi prosperidad* y la cumbre de toda buena fortuna.

interrumpir *tr.* (남의 말을) 중단시키다, 중단하다 | prosperidad *f.* 번영, 호황, 성공

12 Emperador는 여기서 스페인의 국왕 카를로스 1세(Carlos I)이자 신성로마제국의 황제 카를로스 5세(Carlos V)를 말합니다.

13 Cortes: 행정부를 포함한 국왕, 가족과 수행원 모두가 일정 기간 동안 한 지역에 체류하는 것을 말하며, 카를로스 1세가 톨레도에 거처를 정한 때는 1525년입니다.

ANEXO
부록

ACTIVIDADES 연습 문제

SOLUCIONARIO 정답

TRADUCCIONES 본문 번역

ACTIVIDADES
연습 문제

1 Responde a las siguientes cuestiones.
다음 질문에 답하세요.

(1) ¿Qué recompensa esperan los escritores?

(2) ¿Qué oficios desempeñó la madre de Lázaro?

(3) ¿Qué aprendió Lázaro con la cabezada que recibió contra el toro de piedra?

(4) ¿De qué trucos se valió Lázaro para beber el vino del ciego?

(5) ¿Se cumplió la predicción del ciego de que Lázaro sería el hombre más afortunado del mundo gracias al vino?

(6) ¿Cómo se vengó Lázaro del ciego?

(7) ¿Qué se comía los sábados en Máqueda?

(8) ¿Por qué quiere Lázaro que se muera la gente mientras sirve al clérigo?

(9) ¿Cómo consiguió Lázaro abrir el arca del clérigo?

(10) ¿Por qué creyó el clérigo de Maqueda que la culebra estaba donde dormía Lázaro?

(11) ¿Por qué el Ayuntamiento de Toledo ordena la expulsión de los extranjeros pobres?

(12) ¿Por qué desprecian las mujeres al escudero que las corteja en el río?

(13) ¿Por qué finge el escudero limpiarse los dientes con una pajita a la puerta de casa sin haber comido nada?

(14) ¿Cómo se describe la casa del escudero?

(15) ¿Cómo termina Lázaro su relación con sus tres primeros amos?

(16) ¿A quiénes llamaron los acreedores del escudero para cobrar la renta de la casa y de la cama?

(17) ¿Qué tramaron el buldero y el alguacil?

(18) ¿Cómo comenzó a ganar dinero Lázaro?

(19) ¿En qué consiste el «caso» por el que Lázaro nos cuenta su vida?

(20) ¿En qué se manifiesta el éxito que dice haber conseguido Lázaro al final del relato?

2 ¿Verdadero o falso?

다음의 문장을 읽고 참(V)인지 거짓(F)인지 답하세요.

(1) El padre de Lázaro murió desterrado.

(2) El hermanastro de Lázaro era negro como su madre.

(3) El clérigo de Maqueda le daba a Lázaro una cebolla al día para comer.

(4) El colchón de la cama del escudero estaba hecho de ropa vieja.

(5) La espada del escudero era de Cuéllar.

(6) El buldero regaló a Lázaro los primeros zapatos que tuvo.

(7) Con el buldero, Lázaro comía bien.

(8) Lázaro fue ayudante de un pintor.

(9) Lázaro trabajó cuatro años vendiendo agua por las calles.

(10) Lázaro escribe su historia a un amigo del arcipreste de San Salvador.

3 Lee el siguiente texto y subraya las ideas principales.

다음을 읽고 주요(핵심) 개념에 밑줄을 쳐 보세요.

Le suplico a usted que reciba esta historia. Y pues usted quiere que le cuente extensamente el caso, empezaré por el principio. Así sabrá todo sobre mí. Además, servirá para que los que heredaron riquezas piensen en su suerte y piensen lo poco que se les debe. Más se les debe a quienes sin nada llegaron a buen puerto con su fuerza y maña.

4 Relaciona cada palabra o expresióncon su definición.

단어(표현)에 해당하는 뜻을 연결하세요.

Nº	Palabra/expresión
(1)	Correa
(2)	Insigne
(3)	Hacer la cama
(4)	Púlpito
(5)	Ir de puerta en puerta
(6)	Desdicha
(7)	Maldecir
(8)	Malas lenguas
(9)	Roncar

Opción	Definición
ⓐ	Plataforma elevada que hay en las iglesias desde la que se predica.
ⓑ	Acudir a muchas personas en busca de ayuda.
ⓒ	Decir maldiciones contra alguien o algo.
ⓓ	Tira de cuero usada para sujetar algo.
ⓔ	Desgracia, suerte desfavorable.
ⓕ	Preparar la cama para dormir en ella.
ⓖ	Producir un sonido ronco y profundo al respirar mientras se duerme.
ⓗ	Que es célebre, famoso o destaca mucho en algo.
ⓘ	Personas que critican y hablan mal de otras personas

5 Tacha la palabra que no guarde relación con el significado de las demás.

다음 단어들과 의미가 다른 단어를 골라 줄을 그어 지우세요.

(1) Almohada, cama, cárcel, banco, arca.

(2) Hablar, comprar, decir, contar, escribir.

(3) Avariento, mezquino, miserable, avaro, tonto.

(4) Abajo, luego, ahora, después, antes.

(5) Pan, longaniza, vino, torrezno, berza.

6 Agrupa las palabras listadas a continuación con cada una de las siguientes categorías.

다음의 단어들을 아래 표에 분류한 해당 영역에 쓰세요.

altar, artesano, calderero, carpintero, ciego, clérigo, culebra, dedo, delgado, diente, embarazada, escribano, hilandera, lobo, oído, palacio, palomar, pie, pierna, poste, pregonero, puerco, púlpito, ratón, vientre

Arquitectura	Partes delcuerpo	Oficios	Fauna y flora	Características físicas o estado físico

7 Completa los textos siguientes con las expresiones que aparecen en el recuadro.

빈칸에 알맞은 단어를 골라 넣으세요.

(1)

forma / guía / él / tiempo / hijo / Él / El

En este ________, un ciego llegó al mesón. ________ le pidió a mi madre que le sirviera como ________ Así mi madre me encomendó a ________ y le rogó que me tratara bien, pues yo era huérfano. ________ ciego dijo que me trataría como a su ________ De esta ________, comencé a servir y a guiar a mi nuevo y viejo amo.

(2)

mi / mí / garrote / cabecera / arca / garrotazo

________ amo creyó lo que dijo el vecino y desde entonces no podía dormir. Se despertaba con cualquier ruido. Cogía un que tenía en la ________ de la cama y daba grandes ________ en el ________ A los vecinos despertaba y a ________ no me dejaba dormir, aunque me hacía el dormido.

(3)

entrar y salir / esta / de noche o de día / estamos / eso / calmamos

Mi señor el arcipreste y yo ________ a mi mujer y ella cesó su llanto. Luego le prometí que nunca más en la vida hablaría de ________ Le dije también que podía ________ de casa del arcipreste ________ a, que yo estaba seguro de que era una buena mujer. De ________ manera, los tres ________ contentos.

8 Relaciona cada palabra de la columna izquierda con los sinónimos y antónimos que le correspondan en la columna derecha.

왼쪽에 있는 단어의 유의어와 반의어를 오른쪽에서 찾으세요.

Lista de palabras	Sinónimos y antónimos
Acabar, alegre, alegría, ir, mentira, rápidamente, robar.	Contento, deprisa, despacio, empezar, engaño, gozo, partir, pena, quitar, regalar, terminar, triste, venir, verdad.

SOLUCIONARIO
정답

1 (1) Los escritores esperan que sus obras sean leídas y alabadas.

(2) Desempeñó los oficios de cocinera, lavandera y criada.

(3) Aprendió que debía valerse por sí mismo.

(4) Al principio, bebía rápidamente cuando el ciego estaba descuidado. Después utilizó una paja de centeno para sorber el vino del jarro. Luego hizo un agujero pequeño en la base del jarro y fabricó un tapón de cera que se derretía con el calor del fuego. Al derretirse el tapón, Lázaro bebía el vino, pues se situaba entre las piernas del ciego de forma que el vino que salía del jarro caía directamente en su boca.

(5) Sí se cumplió la predicción, pues nos cuenta que el oficio real que consiguió fue el de anunciar por Toledo los vinos que se vendían en la ciudad.

(6) Lázaro se vengó haciendo que el ciego se golpeara en la cabeza contra un poste de piedra que había en la plaza de la villa de Escalona. Con esta venganza Lázaro devuelve al ciego el golpe que él le dio contra el toro de piedra del puente de Salamanca.

(7) Se comían cabezas de carnero.

(8) Lázaro quiere que se muera la gente para que haya velatorios, pues en estas ocasiones es cuando él puede comer.

(9) Lázaro abrió el arca con una llave que le había dado un calderero.

(10) El clérigo creyó que la culebra estaba donde dormía Lázaro porque oyó un silbido que era semejante al que emiten las culebras. Sin embargo, el silbido lo producía la respiración de Lázaro al pasar por la llave que abría el arca y que guardaba por las noches en la boca para que no la descubriese el clérigo.

(11) El Ayuntamiento de Toledo ordena la expulsión de los extranjeros pobres ante la escasez de trigo que hubo aquel año en la ciudad.

(12) Las mujeres desprecian al escudero porque se dan cuenta de que es pobre y no tiene con qué pagarles su compañía.

(13) Se debe a que el escudero quiere aparentar ante los demás lo que no es. Quiere que su imagen pública sea la de un caballero merecedor de respeto y no la de un pobre hidalgo cuyo patrimonio consiste en unas casas derribadas y un palomar en ruinas.

(14) Se describe como una casa triste, oscura y lúgubre. Lázaro nos relata que en la casa no hay nada más que las paredes y eso es lo único que encuentran los acreedores del escudero.

(15) La relación con sus tres primeros amos acaba de forma diferente en cada caso. Lázaro abandona al ciego, su primer amo. El clérigo de Maqueda despide a Lázaro y le pone en la calle para que se busque un nuevo amo. Finalmente, el escudero abandona a Lázaro cuando huye de los acreedores a los que no puede pagar la renta de la casa y la cama.

(16) Llamaron al alguacil, al escribano y a dos testigos.

(17) Tramaron un plan para engañar a la gente que no quería comprar las bulas. El plan consistía en hacerles creer que presenciaban un milagro.

(18) Comenzó a ganar dinero vendiendo agua por la ciudad.

(19) El «caso» alude a la situación matrimonial de Lázaro y a las críticas que tal situación levanta entre sus vecinos. Lázaro está casado con la amante del arcipreste y él consiente esta situación por interés.

(20) El éxito es relativo y hay que entenderlo de forma irónica. Las manifestaciones de tal éxito son: es pregonero (un trabajo de poca cosideración); vive en una casa alquilada por el arcipreste (que le favorece con alimentos y vestido) y ha formado una familia (en realidad, ha aceptado casarse con la amante del arcipreste).

• **문제 및 정답 번역**

(1) 작가들은 어떤 보상을 원하나요? ▶작가들은 그들의 작품이 읽히고 칭찬받기를 원합니다.

(2) 라사로의 엄마는 어떤 일들을 했나요? ▶요리사, 세탁업자, 하녀의 일을 수행했습니다.

(3) 라사로는 투우 석상을 박치기하고 무엇을 배웠나요? ▶자신을 소중히 여겨야 한다는 것을 배웠습니다.

(4) 라사로는 장님의 포도주를 마시려고 어떤 속임수를 썼나요? ▶처음에는 장님이 산만할 때 재빨리 마셨습니다. 그 뒤 빨대를 사용해서 단지에 담긴 포도주를 빨아 마셨습니다. 그리고 단지 바닥에 조그만 구멍을 내고 불의 열기에 녹아내리는 밀랍 마개를 만들었습니다. 마개가 녹을 때 라사로는 포도주를 마셨는데, 이는 라사로가 장님 가랑이 사이의 단지에서 떨어지는 포도주가 입에 바로 떨어지게 했기 때문입니다.

(5) 라사로가 포도주 덕분에 세상에서 가장 운 좋은 사람이 되리라는 장님의 예언은 실현되었나요? ▶예언은 이루어졌습니다. 왜냐하면 그는 우리들에게 그가 얻은 공적인 직업이 톨레도에서 파는 포도주를 광고하는 것이었다고 말했기 때문입니다.

(6) 라사로는 어떻게 장님에게 복수했나요? ▶라사로는 에스칼로나 마을 광장에 있는 돌기둥에 장님의 머리를 부딪히게 만들어 복수했습니다. 이 복수로 라사로는 장님이 살라망카 다리의 투우 석상에서 그에게 준 타격을 앙갚음했습니다.

(7) 마케다에서는 토요일마다 무엇을 먹었나요? ▶숫양의 머리 고기를 먹었습니다.

(8) 성직자를 섬기는 동안 라사로는 무엇 때문에 사람들이 죽기를 바랐나요? ▶라사로는 사람들이 죽어 장례식이 거행되길 바랐는데, 이 기회에 그가 음식을 먹을 수 있었기 때문입니다.

(9) 라사로는 어떻게 성직자의 궤짝을 열었나요? ▶라사로는 보일러 수리공이 준 열쇠로 상자를 열었습니다.

(10) 마케다의 성직자는 무엇 때문에 라사로가 잠든 곳에 뱀이 있다고 생각했나요? ▶성직자는 뱀이 내는 소리와 비슷한 휘파람 소리를 들었기 때문에 라사로가 잠든 곳에 뱀이 있다고 믿었습니다. 그렇지만 그 휘파람은 라사로의 숨소리가 열쇠를 통과할 때 났던 소리였습니다. 그 열쇠는 라사로가 궤짝을 열던 것으로 성직자가 발견하지 못하도록 밤마다 자신의 입 속에 보관했던 것이었습니다.

(11) 톨레도 시청은 왜 가난한 외국인들의 추방을 지시했나요? ▶톨레도 시청은 그해 도시에 있었던 밀 수확량 부족 때문에 가난한 외국인들의 추방을 지시했습니다.

(12) 무엇 때문에 여인들은 강가에서 그녀들에게 치근대는 하급 귀족을 무시했나요? ▶여인들은 하급 귀족이 가난하여 데이트 비용을 지불할 수 없다는 것을 알아차렸기 때문에 그들을 무시했습니다.

(13) 왜 하급 귀족은 아무것도 먹지 않은 채 문가에서 이쑤시개로 이를 후비는 척했을까요? ▶하급 귀족은 다른 사람들에게 사실이 아닌 것을 사실로 꾸미고 싶었기 때문입니다. 그는 자신의 대중적 이미지가 무너진 가옥 몇 채와 폐허가 된 비둘기장을 물려받은 가난한 하급 귀족의 모습이 아닌 존경받을 만한 기사의 모습이 되길 원했습니다.

(14) 하급 귀족의 집은 어떻게 묘사되었나요? ▶쓸쓸하고 어둡고 음산한 집으로 묘사되었습니다. 라사로는 그 집에는 벽 이외에 아무것도 없고, 그것이 하급 귀족의 채권자들이 발견할 수 있는 유일한 것임을 이야기하는 것입니다.

(15) 라사로는 처음에 만났던 세 주인들과의 관계를 어떻게 마무리했나요? ▶처음에 만났던 세 주인들과의 관계는 제각기 다른 방식으로 끝났습니다. 라사로는 첫 번째 주인인 장님을 버려두고 떠났습니다. 마케다의 성직자는 라사로를 해고하고 길거리로 내쫓으며 새 주인을 찾으라고 했습니다. 마지막으로, 하급 귀족은 집세와 침대 사용료를 지불할 능력이 없어 채권자들에게서 도망갈 때 라사로를 남겨두고 떠났습니다.

(16) 시골 귀족의 채권자들은 집세를 받으려고 어떤 사람들을 불렀나요? ▶하급 관리, 공증인 그리고 두 명의 증인을 불렀습니다.

(17) 면죄부 판매인과 하급 관리는 어떤 음모를 꾸몄나요? ▶면죄부를 사려고 하지 않는 사람들을 속이는 계획을 꾸몄습니다. 그 계획은 사람들이 기적을 목격하고 있다고 믿게끔 만드는 것이었습니다.

(18) 라사로는 어떻게 돈을 벌기 시작했나요? ▶도시에서 물을 팔면서 돈을 벌기 시작했습니다.

(19) 라사로가 우리에게 그의 인생을 이야기하게 된 '사건'은 무엇인가요? ▶그 '사건'은 라사로 부부가 처한 상황과 그러한 상황이 초래한 이웃들의 비난을 암시하고 있습니다. 라사로는 수석 사제의 내연녀와 결혼했고 자신의 이익 때문에 그 상황에 동의했습니다.

(20) 라사로가 이야기의 말미에서 이뤘다고 주장한 성공은 어떻게 표현되었나요? ▶성공은 상대적인 것이며 반어적으로 이해해야 합니다. 그러한 성공에 대한 언급은 이렇습니다. 그는 하찮은 직업이었던 포고 담당관원입니다. 그에게 양식과 의복으로 호의를 베푸는 수석 사제가 빌린 집에서 살고 가정을 꾸렸지만, 사실은 수석 사제의 내연녀와의 결혼을 받아들인 것입니다.

2 (1) Verdadero.
(2) Falso.
(3) Falso.
(4) Verdadero.
(5) Falso.
(6) Falso.
(7) Verdadero.
(8) Verdadero.
(9) Verdadero.
(10) Verdadero

• 문제 및 정답 번역

(1) 라사로의 아버지는 추방당한 뒤 사망했다. ▶참
(2) 라사로의 이부형제(異父兄弟)는 그의 어머니처럼 흑인이었다. ▶거짓
(3) 마케다의 성직자는 라사로에게 매일 양파 한 개를 먹으라고 주었다. ▶거짓
(4) 하급 귀족의 침대의 매트리스는 낡은 옷으로 만들었다. ▶참
(5) 하급 귀족의 검은 쿠에야르(Cuéllar)에서 만든 것이었다. ▶거짓
(6) 면죄부 판매인은 라사로에게 그가 가진 첫 번째 신발을 선물했다. ▶거짓
(7) 라사로는 면죄부 판매인과 있을 때 배불리 먹었다. ▶참
(8) 라사로는 화가의 조수였다. ▶참
(9) 라사로는 4년 동안 거리에서 물 파는 일을 했다. ▶참
(10) 라사로는 산살바도르의 수석 사제의 친구에게 자신의 이야기를 쓴다. ▶참

3 Le suplico a usted que reciba esta historia. Y pues usted quiere que le cuente extensamente el caso, empezaré por el principio. Así sabrá todo sobre mí. Además, servirá para que los que heredaron riquezas piensen en su suerte y piensen lo poco que se les debe. Más se les debe a quienes sin nada llegaron a buen puerto con su fuerza y maña.

• 문제 및 정답 번역

귀하께 간청하건대 이 이야기를 받아 주십시오. 그리고 귀하께서 이 사건에 대해 상세히 전할 것을 원하시기에 처음부터 시작하겠습니다. 그러면 저에 대한 모든 걸 아시게 됩니다. 아울러 부(富)를 상속한 자들은 자신들의 행운을 생각해 보고 별로 한 일이 없다는 것을 떠올리게 될 것입니다. 아무것도 없이 스스로의 힘과 재주로 좋은 항구에 도착한 사람들에게 더 많은 빚을 지고 있다는 것도 깨닫게 될 것입니다.

4 (1) ⓓ (2) ⓗ (3) ⓕ
(4) ⓐ (5) ⓑ (6) ⓔ
(7) ⓒ (8) ⓘ (9) ⓖ

• 문제 및 정답 번역

(1) 가죽 끈 ▶ⓓ 무언가를 묶을 때 사용하는 가죽 끈
(2) 저명한 ▶ⓗ 이름난, 유명한 혹은 어떤 분야에서 뛰어난
(3) 잠자리를 만들다 ▶ⓕ 잠을 자려고 침대를 정리하다
(4) 설교대 ▶ⓐ 교회에서 설교를 하는 높은 강단
(5) 집집마다 가다 ▶ⓑ 도움을 청하려고 많은 사람들을 찾아가다
(6) 불운 ▶ⓔ 불행, 불리한 운명
(7) 저주하다 ▶ⓒ 누군가에게 혹은 무언가에 악담을 하다
(8) 험담꾼들 ▶ⓘ 다른 사람을 비방하고 헐뜯는 사람들
(9) 코를 골다 ▶ⓖ 잠 든 사이 숨 쉴 때 목이 잠겨 쉰 소리를 내다

5 (1) Almohada, cama, cárcel, banco, arca
(2) Hablar, comprar, decir, contar, escribir
(3) Avariento, mezquino, miserable, avaro, tonto
(4) Abajo, luego, ahora, después, antes
(5) Pan, longaniza, vino, torrezno, berza

• 문제 및 정답 번역

(1) 베개, 침대, ~~감옥~~, 의자, 궤짝

(2) 발언하다, ~~구매하다~~, 말하다, 이야기하다, 쓰다

(3) 탐욕스런, 인색한, 궁상맞은, 욕심 많은, ~~멍청한~~

(4) ~~아래에~~, 후에, 지금, 나중에, 전에

(5) 빵, 소시지, ~~포도주~~, 돼지고기 튀김, 배춧잎

6

Arquitectura	Altar, Palacio, Palomar, Poste, Púlpito
Partes del cuerpo	Dedo, Diente, Oído, Pie, Pierna, Vientre
Oficios	Artesano, Calderero, Carpintero, Clérigo, Escribano, Hilandera, Pregonero
Fauna y Flora	Culebra, Lobo, Puerco, Ratón
Características físicas o estado físico	Ciego, Delgado, Embarazada

• 문제 및 정답 번역

건축	제단, 왕궁, 비둘기장, 기둥, 설교대
신체 부위	손가락, 이, 귀, 발, 다리, 배
직업	수공업자, 보일러공, 목수, 성직자, 공증인, 방적공, 포고 담당관원
동·식물군	뱀, 늑대, 돼지, 쥐
신체적 특징 혹은 신체적 상태	실명한, 여윈, 임신한

7 (1) En este tiempo, un ciego llegó al mesón. Él le pidió a mi madre que le sirviera como guía. Así mi madre me encomendó a él y le rogó que me tratara bien, pues yo era huérfano. El ciego dijo que me trataría como a su hijo. De esta forma, comencé a servir y a guiar a mi nuevo y viejo amo.

(2) Mi amo creyó lo que dijo el vecino y desde entonces no podía dormir. Se despertaba con cualquier ruido. Cogía un garrote que tenía en la cabecera de la cama y daba grandes garrotazos en el arca. A los vecinos despertaba y a mí no me dejaba dormir, aunque me hacía el dormido.

(3) Mi señor e l arcipreste y yo calmamos a mi mujer y ella cesó su llanto. Luego le prometí que nunca más en la vida hablaría de eso. Le dije también que podía entrar y salir de casa del arcipreste de noche o de día, que yo estaba seguro de que era una buena mujer. De esta manera, los tres quedamos contentos.

• 문제 및 정답 번역

(1) 이 무렵, 장님 한 사람이 객줏집에 왔습니다. 그는 어머니께 저를 길잡이로 쓰게 해 달라고 부탁했습니다. 그러자 어머니는 저를 그에게 맡기면서 아버지를 여의었으니 잘 보살펴 달라고 간청했습니다. 그 장님은 저를 아들로 삼겠노라 말하더군요. 이런 식으로 저는 나이든 새 주인을 섬기고 길 안내를 시작하게 되었습니다.

(2) 제 주인은 이웃 사람의 말을 믿고 그때부터 잠을 이룰 수가 없었습니다. 그 어떤 소리에도 잠에서 깼습니다. 그는 침대 머리맡에 놓아두었던 몽둥이를 집어서 궤짝에 힘껏 몽둥이질을 해댔습니다. 그는 이웃사람들을 깨웠으며 잠든 저를 자게 내버려두지 않았습니다.

(3) 제 주인이신 수석 사제와 제가 아내를 진정시키자 그녀는 오열을 멈췄습니다. 속히 저는 사는 동안 그것에 대해 결코 다시는 말하지 않겠노라고 그녀에게 약속했습니다. 또한 그녀가 밤이든 낮이든 수석 사제의 댁에 출입할 수 있고, 착한 아내라는 것을 확신한다고 말했습니다. 이런 식으로 우리 세 명은 행복하게 되었습니다.

8

Palabra	Sinónimos	Antónimos
Alegre	contento	triste
Acabar	terminar	empezar
Alegría	gozo	pena
Rápidamente	deprisa	despacio
Mentira	engaño	verdad
Robar	quitar	regalar
Ir	partir	venir
Dormido	–	despierto
Estrecho	–	Ancho
Suerte	fortuna	Desgracia

• **문제 및 정답 번역**

단어	유의어	반의어
기쁜	즐거운	슬픈
끝마치다	끝내다	시작하다
기쁨	즐거움	고통
빨리	급히	천천히
거짓	속임수	진실
훔치다	빼앗다	선물하다
가다	떠나다	오다
잠이 든	–	잠에서 깨어난
좁은	–	넓은
행운	복	불행

본문 번역

라사리요 데 토르메스의 인생, 그의 행운과 불운에 대하여

Página 10

프롤로그

제게 일어난 일들이 알려지면 좋을 것 같습니다. 그리되면 망각의 무덤에 묻히지 않을 겁니다. 게다가 항상 그 일들을 즐길 누군가가 존재할 것입니다. 플리니우스가 말했듯 배울 점이 하나도 없는 나쁜 책은 없습니다. 또한 사람들은 취향에 관해서는 아무런 규칙이 없다고 말합니다. 그래서 누군가 경멸하는 것을 다른 누군가는 원할 수도 있습니다.

그 어떤 글도 읽지 않고 파기해서는 안 됩니다. 그렇지 않으면, 글쓰기가 너무 힘들기 때문에 아주 적은 소수만이 글을 쓰게 될 것입니다. 글 쓰는 자는 보상받길 원합니다. 돈을 뜻하는 것이 아닙니다. 하지만 그럴 만한 가치가 있다면 독자들이 그들의 작품을 읽고 칭찬하며 보상해 주기를 원합니다.

저는 별 볼 일 없는 사람이라는 것을 고백합니다. 비록 조잡한 문체로 썼지만 독자가 이 졸작을 즐길 수 있어 기쁘다는 것을 밝힙니다. 한 남자가 그 많은 위험과 불운을 겪으며 어떻게 살아가는지 독자가 보게 되어 기쁩니다.

Página 11

귀하께 간청하건대 이 이야기를 받아 주십시오. 그리고 귀하께서 이 사건에 대해 제가 상세히 전할 것을 원하시기에 처음부터 시작하겠습니다. 그러면 저에 대한 모든 것을 아시게 됩니다. 아울러 부(富)를 상속한 자들은 자신들의 행운을 생각해 보고 별로 한 일이 없다는 것을 떠올리게 될 것입니다. 아무것도 없이 스스로의 힘과 재주로 좋은 항구에 도착한 사람들에게 더 많은 빚을 지고 있다는 것도 깨닫게 될 것입니다.

Página 12

제 1 장

라사로가 자신의 삶과 출생을 이야기하다

귀하께서는 저를 라사로 데 토르메스로 부른다는 것을 알고 계십시오. 저는 살라망카의 테하레스 마을에서 태어난 토메 곤살레스와 안토나 페레스의 아들입니다. 토르메스 강에서 태어났다고 해서 강의 명칭이 제 이름에 붙게 되었습니다.

아버지는 방아꾼으로 토르메스 강가에 있는 방앗간에서 15년을 일했습니다. 어머니는 방앗간에 계시던 어느 날 밤, 분만하게 됐습니다. 바로 거기서 저를 낳았습니다. 그래서 제가 강에서 태어났다고 말씀드린 겁니다.

제가 여덟 살 때, 사람들은 방아를 찧기 위해 방앗간에 가져온 곡물을 아버지가 도둑질했다고 고발했습니다. 그래서 아버지를 교도소로 끌고 갔습니다. 아버지는 죄를 범했다고 실토하고 추방당했습니다. 후에 그는 기사의 종이 되어 전쟁에 나갔습니다. 거기에서 충실한 종으로서 그의 주인과 함께 생을 마쳤습니다.

어머니는 남편이 사라지자 살기 위해 도시로 갔습니다. 조그만 집 한 채를 빌려 학생들에게 요리를 해 주고 막달레나 기사 분단장의 마구간에서 일하는 젊은 하인들의 옷을 세탁해 주는 일에 종사했습니다.

Página 13

그 당시 어머니는 기사 분단장의 말을 관리하는 흑인 남자를 알게 됩니다. 그자는 우리 집에 와서 며칠 밤을 지내고 아침에 떠나곤 했습니다. 어떤 때는 계란을 사러 왔다는 핑계로 대낮에 와서 집 안에 틀어박혀 있곤 했습니다.

처음에는 피부색이 달라서 그 흑인이 무서웠습니다. 나중에 그가 빵과 고기, 그리고 겨울 동안 우리를 따뜻하게 해 줄 장작을 가져온 걸 보고는 그를 좋아하기 시작했습니다.

시간이 흘러 어머니는 아주 예쁜 흑인 아이를 낳았습니다. 나는 그 아이와 놀아 주고 보살펴 주었습니다. 제 의붓아버지가 그 아이와 장난치고 있던 어느 날로 기억합니다. 꼬마는 어머니와 제가 백인이라는 것을 알고는 아버지에게서 빠져나와 어머니한테로 달아났습니다. 그러더니 손가락으로 그를 가리키며 말하더군요.

"엄마, 도깨비야!"

흑인은 웃으며 대꾸했습니다.

"빌어먹을 놈!"

저는 어렸지만 동생의 말을 듣고 혼자 중얼거렸습니다. '세상에는 스스로를 볼 수 없기 때문에 다른 사람을 기피하는 자가 얼마나 많을 것인가!'

어느 날 의붓아버지가 말에게 먹이는 보리를 훔쳤다는 게 들통이 났습니다. 그는 장작, 담요, 침대보와 다른 물건들도 훔쳤습니다. 하다못해 우리를 양육하는 어머니를 도우려고 말발굽까지 훔쳤더군요. 이것은 놀랄 일이 아닙니다. 주임 사제가 가난한 사람들을 등친다면, 노예는 사랑을 위해 무엇을 하겠습니까!

Página 14

흑인(의붓아버지)은 매질을 당했고 어머니 또한 그랬습니다. 그녀는 흑인을 집안에 맞아들일 수 없게 되었습니다.

어머니는 형벌을 다 받았습니다. 험담꾼들을 피하려고 솔라나의 객줏집으로 일하러 갔습니다. 거기에서 그녀는 수많은 고초를 겪었습니다. 그런 곳에서 동생과 제가 자랐답니다.

이 무렵, 장님 한 사람이 객줏집에 왔습니다. 그는 어머니께 저를 길잡이로 쓰게 해 달라고 부탁했습니다. 그러자 어머니는 저를 그에게 맡기면서 아버지를 여의었으니 잘 보살펴 달라고 간청했습니다. 그 장님은 저를 아들로 삼겠노라 말하더군요.

이런 식으로 저는 나이 든 새 주인을 섬기고 길 안내를 시작하게 되었습니다.

장님과 저는 며칠간 살라망카에 머물렀습니다. 그 후 다른 곳에 가기로 결정했습니다. 살라망카를 떠나기 전에 어머니를 뵈러 갔습니다. 우리 두 사람은 눈물을 흘렸고 이내 그녀는 제게 축복하며 말하더군요.

"아들아, 이제 더 이상 널 볼 수 없다는 것을 안다. 좋은 사람이 되도록 노력하렴. 그리고 신께서 널 인도하시길 바란다. 나는 널 키워 왔고 좋은 주인에게 널 맡겼다. 잘 지내렴."

주인과 저는 살라망카를 떠나 어떤 다리에 이르렀는데 초입에 투우 석상이 있었습니다. 장님은 제게 그 동물 가까이에 가라고 명령하고는 제게 말하더군요.

"라사로야, 투우에 귀를 대고 그 속에서 나는 소리를 들어 봐라."

Página 15

저는 그를 믿고 순종했습니다. 장님은 제가 머리를 돌덩이 옆에 댄 걸 알고 그 동물을 향해 힘차게 박치기를 시켰습니다. 그 충격으로 인해 저는 사흘간 두통을 앓았습니다. 그때 장님이 제게 말하더군요.

"멍청한 놈아, 배워라. 장님의 하인은 악마보다 더 많이 알아야 한다."

그는 절 기만한 일에 대해 실컷 웃어댔습니다.

그 순간 저는 어린아이 같은 행동을 그만두고 제 자신을 지키기 위해 눈을 크게 떠야겠다고 생각했습니다.

우리는 새로이 길을 나섰고 며칠 후 그는 자신의 일을 가르쳐 주었습니다. 장님이 제게 말하더군요.

"난 너에게 돈을 줄 수는 없지만 생존을 위한 충고는 해 줄 수 있다."

그리고 사실이 그랬습니다. 하나님 다음으로 그 장님이 저를 일깨워 주었고 제 인생길을 인도했습니다.

귀하께 이런 일들을 말씀드릴 수 있어 즐겁습니다. 이렇게 귀하는 성공하는 가난뱅이들의 미덕과 실패하는 부자들의 어리석음을 알게 되실 겁니다.

다시 저의 선한 장님 얘기로 돌아오자면, 귀하는 그자보다 더 영리한 맹인이 없다는 걸 아셔야 합니다. 일을 할 때는 한 마리의 독수리와 같았습니다. 수백 가지 기도문을 외울 줄 알았고, 눈이나 입을 과하게 움직이지 않고 나직하게 기도했습니다.

Página 16

게다가 그는 돈을 벌 수 있는 수천 가지 방법을 알고 있었습니다. 그는 아이를 낳을 수 없는 여자와 분만 중에 있는 여자를 위한 기도문을 안다고 말했습니다. 그는 배우자와 화목하지 않은 여성을 위해 남편이 그녀를 사랑할 수 있도록 만드는 기도문을 알고 있었습니다. 임신한 여성에게는 아들을 낳을 것인지 딸을 낳을 것인지 말해 주었습니다. 그는 치통과 여러 가지 통증을 없애는 약에 관해서 갈레노스보다 더 많이 알고 있었습니다.

이렇게 해서 모든 사람이 그를 찾았습니다. 특히 여성들이 그랬죠. 그녀들은 그가 하는 모든 말을 믿었고 그는 그런 여자들을 이용했습니다. 그는 백 명의 맹인들이 일 년에 버는 것보다 한 달 동안에 더 많이 벌었습니다.

그렇지만 귀하께서도 아시기를 바라건대, 지금껏 저는 그자보다 더 탐욕스럽고 인색한 사람을 보지 못했습니다. 그가 절 굶겨 죽일 뻔했기에, 저는 먹기 위해 감쪽같은 재주를 부려 그를 속여야만 했습니다. 그에게 행했던 몇 가지 속임수를 말씀 드리고자 합니다.

장님은 빵과 여타 물건들을 포대에 넣고 자물쇠로 잠갔습니다. 늘 각별히 주의해서 포대를 열고 닫더군요. 빵 부스러기조차 떨어뜨리지 않았습니다. 저는 너무 배가 고파서 가끔 포대 옆구리의 실밥을 풀었습니다. 그런 다음 뚫린 구멍을 통해 빵 쪼가리, 돼지고기 튀김, 소시지를 꺼냈습니다. 나중에 그가 눈치 못 채게 다시 구멍을 꿰매 놓았습니다.

저는 그가 기도해 주고 받은 돈을 훔치기도 했습니다.

Página 17

그 사람이 볼 수 없기 때문에 그가 받은 돈을 잔돈으로 바꿔 치기 했습니다. 장님이 눈치채고는 말하더군요.

"도대체 이게 무슨 일이냐? 너랑 함께한 이후로 사람들이 예전의 절반을 주는구나. 너에게 불운이 있는 게 틀림없다."

우리가 식사를 할 때 장님은 포도주 단지를 그의 곁에 두었습니다. 가끔 저는 잽싸게 병을 잡고 포도주를 마셨습니다. 그리고는 포도주 단지를 다시 원래 있던 곳에 놓았습니다. 이 속임수는 얼마 가지 못했답니다. 장님은 포도주가 부족한 걸 알아챘고, 그날 이후 늘 포도주 단지를 손에 쥐고 있었습니다. 그렇지만 저는 다른 계책을 떠올렸습니다. 밀짚 빨대로 포도주를 빨아 마셔 단지를 비워 버린 거죠. 하지만 장님은 아주 영리해서 이내 제가 범인이란 걸 알아챘습니다. 그때부터 장님은 제가 마실 수 없도록 포도주 단지를 가랑이 사이에 놓아두었습니다. 그런 다음 병 입구를 손으로 틀어막고 그렇게 안전하게 마셔댔습니다.

포도주 맛을 알게 된 저로서는 포도주 때문에 죽을 지경이어서 다른 속임수를 고안해 냈습니다. 포도주 단지 바닥에 구멍을 낸 다음 약간의 밀랍으로 막아 놓았습니다. 우리가 식사를 할 때 저는 짐짓 추위에 떠는 척하고 우리가 지피고 있던 불가에 몸을 녹이려고 장님의 다리 사이에 앉았습니다. 불의 온기에 밀랍은 녹아내렸고 포도주는 한 방울도 남김없이 제 입속으로 떨어졌답니다. 그 불쌍한 장님이 마시려고 할 때는 아무것도 남아있질 않았습니다. 그는 포도주가 어떻게 사라졌는지 알 수 없었기 때문에 화를 내고 저주를 퍼부었습니다.

Página 20

"아저씨, 제가 마셨다고 말씀하지 마세요. 포도주 단지를 놓지 않으셨잖아요." 제가 그에게 말했습니다.

장님은 수차례 병을 뒤집어 보다가 끝내 구멍을 발견하고는 저의 속임수를 알아차렸습니다. 하지만 모른 척하고 아무 말도 하지 않더군요.

이튿날, 제가 어떻게 포도주를 깡그리 비웠는지 그가 알고 있다는 사실을 의심하지 못한 채, 저는 여느 때처럼 달콤한 액체를 받아 마시려고 얼굴을 하늘로 향한 채 눈을 감고 있었습니다. 장님은 복수할 시간이라고 여겼습니다. 온 힘을 모아 포도주 단지를 들어 올리고는 젖 먹던 힘을 다해 제 주둥아리를 내리쳤습니다. 참말로 하늘이, 거기에 있는 모든 것과 더불어, 제 위로 무너져 내리는 것 같았습니다.

그 타격이 너무 강해서 저는 기절하고 말았습니다. 산산조각 난 병 조각들이 제 얼굴에 박혔습니다. 이빨 여럿이 부서졌는데 오늘날까지 그 상태로 남아있습니다.

그때부터 저는 장님을 증오했습니다. 그 후에 그가 절 치료했지만 제가 겪은 고통을 즐기고 있었다는 걸 알았습니다. 그가 포도주로 상처를 닦아내다 웃으며 말하더군요.

"라사로야, 어때? 널 아프게 만든 것이 널 치료하고 낫게 만드는구나."

거의 회복이 되어갈 즈음, 저는 그를 떠나기로 마음먹었고 적당한 때를 기다렸습니다. 포도주 단지 강타 사건을 도저히 용서할 수 없었는데, 그날 이후 그도 언제나 저를 함부로 다루더군요.

Página 21

그때부터 저는 그에게 앙갚음하려고 늘 험한 길로 데리고 다녔습니다. 돌길이 있으면 그쪽으로 데려갔습니다. 진흙 길이 있으면 가장 질퍽한 길로 그를 이끌었습니다.

귀하께서 장님의 교활함을 이해하실 수 있도록 톨레도 가던 길에 일어난 일을 말씀드려볼까 합니다.

어느 날 우리는 톨레도의 한 마을인 알모록스에 도착하게 됐는데, 때마침 포도 수확기였습니다. 포도 추수꾼 한 사람이 장님에게 포도 한 송이를 적선했습니다. 포도가 농익어 자루에 보관할 수 없기에 장님은 향연을 베풀기로 결정합니다.

우리가 담장에 걸터앉자 장님이 말하더군요.

"우리 둘이 균등하게 이 포도송이를 먹도록 하자. 이런 식으로 나누자. 네가 한 번 뜯고 내가 한 번 뜯되 매회 한 알씩만 뜯겠다고 약속해라. 포도를 다 먹을 때까지 나는 똑같이 할 참이다. 이렇게 하면 속임수가 통하지 않을 것이다."

우리는 먹기 시작했는데, 두 번째가 되자 장님이 두 알씩 잡더군요. 그가 하는 짓을 보고 저는 세 알씩 잡기로 결심했고 가능한 한 많이 먹었습니다. 포도송이가 거덜 나자 장님이 말더군요.

"라사로야, 네가 날 속였구나. 신께 맹세컨대 넌 포도를 세 알씩 먹었단다."

"사실이 아니에요. 왜 그렇게 생각하세요?" 제가 말했습니다.

Página 22

장님이 대답하더군요.

"네가 세 알씩 먹었다는 것을 내가 어떻게 아는지 아느냐? 내가 두 알씩 먹을 때 네가 침묵했기 때문이란다."

저는 제 자신을 자책하면서 장님이 얼마나 영리한지 깨달았습니다.

제 얘기를 그만 늘어놓기 위해 마지막 한 가지를 전하고자 합니다. 에스칼로나 마을의 객줏집에 머물 때 장님은 제게 소시지 한 조각을 주더니 구우라고 했습니다. 소시지가 익어 가는 동안 제게 주점에 가서 포도주를 사 오라고 시켰습니다. 바로 그 순간 악마는 그에게 새로운 장난을 칠 수 있는 기회를 제게 주더군요. 불가에 조그만 무가 있었는데 거기에 왕래하는 사람이 아무도 없었기 때문에 무를 소시지와 바꿔치기했습니다. 그렇게 저는 소시지를 먹어 치웠고 무를 쇠꼬챙이에 남겨 놓았습니다.

곧장 저는 포도주를 사러 갔습니다. 돌아왔더니 장님은 길쭉한 빵 두 조각 사이에 무를 넣고 깨물어 먹을 찰나였습니다. 무를 베어 물고는 분노해서 말하더군요.

"라사로야, 이게 뭐냐?"

"아, 가엾은 내 신세!" 제가 말했습니다. "전 아무 짓도 안 했어요. 전 포도주를 사 오는 길이었잖아요. 어떤 놈이 골탕 먹이려고 한 짓일 거예요."

"아니다, 아냐." 그가 말했습니다. "그럴 리가 없다. 나는 어느 한순간도 소시지 꼬챙이를 내려놓은 적이 없다."

Página 23

저는 결백하다고 맹세했지만 장님이 너무 영악해서 아무도 그를 속일 수 없었습니다. 그는 일어나더니 제 머리끄덩이를 잡더군요. 그런 다음 제 입을 벌리고 코를 안으로 들이밀었습니다. 코가 너무 길어 코끝이 제 목젖에 닿았습니다.

구역질이 나고 두렵기도 해서 그가 제 입안에서 그의 호른처럼 긴 코를 빼내기도 전에 소시지를 토해 내고 말았습니다.

오, 위대한 신이시여! 장님은 대단히 화가 나서 사람들이 저를 그의 손아귀에서 빼내지 않았다면 저를 죽였을 것입니다. 그는 제 얼굴과 목에 할퀸 자국을 남겼습니다.

그 뒤로 장님은 제 불행을 모두에게 떠들고 다녔고, 사람들은 포도주 단지와 포도송이에 얽힌 이야기를 듣고 웃었습니다. 객줏집 여주인이 제가 가져온 포도주로 제 상처를 소독하자 장님이 말하더군요.

"이 녀석은 상처를 치료한답시고 1년 동안 내가 2년에 걸쳐 마실 포도주보다 더 많은 포도주를 낭비했소이다. 라사로야, 넌 네 아비보다 포도주에 더 많은 빚을 졌다. 그 사람은 네게 단 한 번 생명을 줬지만 포도주는 네게 수천 번 생명을 줬단다."

그리고는 사람들에게 저를 구타한 횟수와 포도주로 어떻게 치료했는지를 떠벌렸습니다.

"네게 말하건대 너는 포도주 덕분에 이 세상에서 가장 운 좋은 사내가 될 것이다." 장님이 말했습니다.

그때 저는 도망치기로 결심했습니다.

Página 24

비가 억수로 쏟아지던 어느 날 우리는 처마 밑에서 동냥을 하고 있었습니다. 밤이 곧 이슥해지고 비가 멈추질 않자 장님은 객줏집으로 데려가 달라고 했습니다.

객줏집에 가기 위해 우리는 비가 내려 물이 많이 불어난 개울을 건너야만 했습니다. 제가 그에게 말했습니다.

"아저씨, 개울이 아주 넓습니다. 제가 물에 젖지 않고 점프해서 건널 수 있는 좁은 곳을 알고 있어요."

그는 좋은 의견으로 여겨 말하더군요.

"개울이 좁은 그곳으로 날 데려가 다오. 지금은 겨울철이라 젖은 발로 다니는 것은 좋지 않단다."

그때 복수할 순간을 만났습니다. 저는 곧바로 광장에 있는 시멘트 기둥인가 돌기둥인가까지 장님을 데리고 가서 그에게 말했습니다.

"아저씨, 여기가 개울을 건널 수 있는 가장 좁은 길목이에요."

비가 너무 많이 와서 젖었기 때문에 그는 저를 믿고 말하더군요.

"날 똑바로 놓고 네가 개울을 뛰어넘어라."

그를 기둥 앞에 똑바로 세웠습니다. 저는 껑충 뛰어 기둥 뒤에 서서 말했습니다.

"자! 최선을 다해 뛰세요."

Página 25

장님은 자극을 받고 온 힘을 다해 도약했습니다. 바로 그 순간, 그는 기둥에 머리를 부딪쳤고 반죽음 상태로 바닥에 떨어졌는데 뇌가 함몰되어 있었습니다.

"무슨 일이죠? 소시지 냄새는 맡았는데 기둥 냄새는 못 맡았나요? 냄새를 맡아야죠! 냄새를!" 제가 그에게 말했답니다.

그를 도와주러 온 사람들에게 둘러싸인 장님을 놔두고 저는 뛰쳐나왔습니다. 밤이 되기 전에 토리호스에 당도했습니다. 장님의 소식은 더 이상 알 수 없었고 알고 싶지도 않았습니다.

Página 26

제2장

라사로가 성직자와 겪은 일을 이야기하다

이튿날 마케다로 갔습니다. 거기에서 구걸하고 있는데 한 성직자가 제게 미사 집전을 돕는 방법을 알고 있는지 물었습니다. 저는 사실대로 할 수 있다고 말했습니다. 장님은 절 학대하긴 했으나 많은 걸 가르쳐 주었으니까요. 결국 성직자는 저를 종으로 삼았습니다.

저는 천둥을 피하려다 번개를 맞는 꼴이 되었습니다. 성직자에 비하면 장님은 관대한 사람이었거든요. 세상의 모든 빈곤이 성직자에게 묻어 있었습니다. 원래 그의 탓이었는지 성직자의 습관으로 인해 그렇게 되었는지 모르겠네요.

성직자는 열쇠로 잠겨 있는 낡은 트렁크를 갖고 있었습니다. 그는 열쇠를 가죽끈으로 연결해서 망토에 묶고 다녔습니다. 트렁크에는 교회에 가져갈 빵을 넣어두었습니다. 집 전체에 먹을 게 하나도 없었습니다. 여느 집처럼 염장한 돼지고기나 치즈가 없었답니다. 단지 열쇠로 걸어 잠근 양파 한 다발만을 방에 보관하고 있을 뿐이었습니다. 그는 이 다발에서 제게 나흘마다 양파 하나씩을 주었습니다. 제가 양파를 꺼내려고 열쇠를 요구할 때 누군가 있으면 열쇠를 주며 말하더군요.

Página 27

"받아라. 군것질하지 말고 빨리 반납하렴."

이렇게 제가 굶어 죽어 가고 있는 사이에 그는 매일 충분한 양의 고기를 먹고 있었습니다.

이곳에서는 토요일마다 숫양 머리 고기를 먹는데, 그는 늘 제게 고기 한 점을 사 오라고 시켰습니다. 이후 그는 양머리를 삶고 눈, 혀, 골 그리고 턱뼈에 붙은 살까지 먹어 치웠습니다. 제게는 닳아빠진 뼈다귀를 건네면서 말하더군요.

"받아라. 먹고 즐기렴. 세상이 네 것이다. 네가 교황보다 더 나은 삶을 누리고 있구나!"

'신께서 당신에게도 이와 똑같은 삶을 내려 주시길!' 저는 혼잣말을 했습니다.

3주 후에 저는 너무 야위어서 서 있을 수가 없었습니다. 하나님과 저의 지혜가 절 돕지 않았다면 분명히 무덤에 갔을 겁니다. 그는 자신의 인색함을 감추려고 제게 말하더군요.

"이보게 젊은이, 성직자들은 먹고 마심에 있어

매우 절제해야만 하네."

하지만 성직자는 거짓말을 한 것인데, 왜냐하면 그는 영안실과 종교 모임에서 늑대처럼 먹고 마셨으니까요. 그런 경우엔 저도 질리도록 먹었답니다. 그래서 저는 매일 누군가 죽기를 기도했습니다. 그래야 제가 음식을 먹을 수 있었으니까요. 제가 그곳에 머문 6개월 동안 단지 스무 명이 죽었는데, 제 기도가 그들을 죽였다는 생각이 듭니다.

Página 29

그 인색한 주인을 버릴까 하고 꽤 많이 생각했습니다. 그러나 두 가지 이유로 그렇게 하지 않았습니다. 첫째는 제게 닥친 굶주림으로 인해 다리를 지탱할 수 없었기 때문이었습니다. 둘째는 더 나쁜 주인을 만날 수 있다는 두려움 때문이었습니다. 그래서 제 자신에게 타일렀답니다. '난 지금까지 두 명의 주인을 모셨다. 첫째 주인은 날 굶겨 죽일 뻔했지. 그자를 버리고 우연히 만난 이 사람은 이미 날 굶겨 무덤 속에 처넣고 있다. 이 자를 버리고 더 형편없는 자를 만나게 되면 난 곧바로 죽고 말겠지.'

이런 생각이 들자 감히 떠날 엄두를 내지 못했습니다.

이 비열한 주인이 외출한 어느 날, 보일러 수리공이 문가에 와서 수리할 물건이 있냐고 묻더군요.

저는 그에게 말했습니다.

"아저씨, 제가 궤짝의 열쇠를 잃어버렸는데 주인이 절 때릴까 무섭습니다. 부탁합니다, 그것을 열 만한 열쇠를 갖고 계신가요? 제가 값을 치르겠습니다."

보일러 수리공은 지니고 있는 모든 열쇠를 동원해 맞춰 보기 시작했고 저는 기도로 그를 도왔습니다. 얼마 지나지 않아 저는 궤짝이 열리는 것을 보았고 그 안에 빵의 모양을 한 신의 얼굴을 목격했습니다. 그때 제가 수리공에게 말했습니다.

"제가 귀하께 열쇠값을 치를 돈이 없지만 여기서 그 값을 가져가세요."

보일러 수리공은 빵 하나를 잡더니 매우 만족해서 떠났습니다. 더 만족해하는 절 남겨두고서요.

Página 30

그날은 제 주인이 눈치채지 않도록 아무것도 건드리지 않았습니다. 이튿날 주인이 집을 나간 틈에 궤짝을 열고 빵 하나를 먹었습니다. 곧장 궤짝을 닫고 아주 흥겹게 집 청소를 시작했습니다. 하지만 기쁨은 그리 오래가지 못했는데, 셋째 날 주인이 빵을 세고 말했거든요.

"내가 열쇠로 궤짝을 잘 잠그지 않았다면 누군가 빵을 훔쳤다고 생각할 수도 있다. 의심하지 않기 위해서 오늘부터 빵의 숫자를 제대로 헤아릴 참이다. 지금 아홉 개와 한 조각 남았다."

성직자가 한 말이 제 심장과 위를 들쑤셨고, 저는 다시 배고픔에 시달렸습니다. 후에 성직자가 외출했습니다. 저는 스스로를 위로하고자 궤짝을 열고 빵을 흠모하기 시작했습니다. 그런 다음 빵을 세어 보고 주인이 셀 때 실수하지 않았다는 것을 확인했습니다. 그날 제가 할 수 있는 최선은 빵에

천 번의 키스를 하고 먹다 남은 빵 조각을 조금 뜯어 먹는 것이었습니다.

점점 더 배가 고파 와 빵을 보려고 궤짝을 여닫았습니다. 문득 신은 제게 대책을 떠올려 주셨고 저는 제 자신에게 속삭였습니다. '이 궤짝은 낡았고 몇 군데 부서졌어. 거기로 쥐들이 들어가서 빵을 갉아먹는다고 생각할 수도 있을 거야.'

이렇게 말하고 저는 몇 개의 빵을 식탁보 위에 잘게 부수었습니다. 그런 뒤에 그 부스러기를 먹었습니다. 주인이 와서 빵을 보더니 쥐들이 한 짓이라고 생각했습니다. 궤짝을 샅샅이 둘러보고 몇몇 구멍을 발견하고는 저를 불러서 말하더군요.

Página 31

"라사로야, 오늘 저녁 우리의 빵이 어떤 박해를 받았는지 보렴."

저는 놀라서 무슨 일이냐고 물었습니다.

"무슨 일이냐고?" 그가 대답했습니다. "쥐들은 살아있는 것을 남겨두지 않는다."

우리는 빵을 먹기 시작했는데, 저는 운이 좋았습니다. 그는 다른 날보다 제게 더 많은 빵을 주었는데, 쥐가 갉아먹었다고 생각한 모든 부분을 칼로 긁어냈기 때문입니다. 그가 제게 말하더군요.

"이걸 먹으렴, 쥐는 깨끗하단다."

그 뒤에 다른 놀라운 일이 생겼는데, 벽에 박혀 있는 못들을 빼내서 궤짝의 구멍을 막으려고 널빤지를 찾고 있는 주인을 보게 되었거든요.

그때 제가 혼잣말을 했습니다. '오, 나의 주님, 고달픈 우리 인생에서 즐거움은 얼마나 짧은지요!'

제가 그렇게 탄식하는 사이에 저의 부지런한 목수는 무수한 못과 판자로 궤짝의 구멍을 덮고 나서 말하더군요.

"이제, 배신자 쥐새끼들아. 집을 옮겨라. 여기에서 너희들이 할 일은 아무것도 없다."

그런 후에 그는 나갔습니다. 그때서야 저는 궤짝을 쳐다봤습니다. 모기 한 마리 들락거릴 틈도 없었습니다. 배고픔이 전력을 다해 되돌아왔습니다. 너무 강해서 오직 다시 먹어야 한다는 생각만 했습니다.

Página 32

어느 날 밤 주인이 코를 고는 동안 저는 칼을 쥐고 궤짝에 그럴싸한 구멍을 냈습니다. 그리고 궤짝을 벌려 빵 하나를 잡고 다시 가루를 내서 부스러기를 먹었습니다. 그런 다음 잠을 자러 갔습니다. 이튿날 주인이 구멍을 발견했습니다. 그 순간 화를 내며 말하더군요.

"이것을 어떻게 설명할 수 있겠니? 예전에는 이 집에 쥐들이 이렇게 많지 않았다!"

저는 의심할 것도 없이 그가 사실을 말했다고 생각했습니다. 음식이 없는 곳에 쥐가 들지 않기 때문이죠. 성직자는 구멍을 막으려고 재차 못과 판자를 집어 들었습니다. 그러나 그가 낮에 틀어막은 모든 구멍을 제가 밤에 모조리 뚫었습니다. 성직자는 자신이 한 일이 아무짝에도 쓸모없다는 것을 알고는 말하더군요.

"이 궤짝은 너무 많이 파손되고 목재도 몹시 낡아서 그 어떤 쥐라도 갉을 수 있겠다. 궤짝 안에 덫을 놓아 쥐를 잡는 것이 더 좋겠구나."

그런 다음 그는 쥐덫을 부탁해서 빌렸습니다. 그는 쥐덫 안에 치즈 껍질을 넣고 궤짝 속에 쥐덫을 놓았습니다. 이 해결책은 세세 너 이로웠는데, 왜냐하면 빵 외에 치즈 껍데기도 먹을 수 있었으니까요.

성직자는 무슨 일이 벌어지고 있는지 이해하지 못했습니다. 그는 이웃 사람들에게 도대체 누가 쥐덫에 걸리지 않고 치즈를 먹을 수 있겠느냐고 물었습니다. 이웃 사람 한 명이 그에게 말하더군요.

Página 33

"댁내에 뱀이 돌아다니곤 했어요. 뱀이 틀림없을

겁니다. 뱀은 길쭉해서 미끼를 물고 덫에 걸리지 않게 빠져나갈 수 있어요."

제 주인은 이웃 사람의 말을 믿고 그때부터 잠을 이룰 수가 없었습니다. 그 어떤 소리에도 잠에서 깼습니다. 그는 침대 머리맡에 놓아두었던 몽둥이를 집어서 궤짝에 힘껏 몽둥이질을 해댔습니다. 그는 이웃 사람들을 깨웠으며 잠든 저를 자게 내버려 두지 않았습니다. 아침에 성직자는 제게 말하더군요.

"얘야, 지난밤 아무 소리도 못 들었니? 음, 내가 뱀의 뒤를 쫓아갔는데 온기를 찾아 네 침대로 숨은 것 같더라."

"신이시여, 제발 저를 물지 않게 해 주세요!" 제가 말했습니다. "너무 무서워요!"

그날 이후 제 주인은 밤에도 잠을 청하지 않았습니다. 저 역시 그랬는데, 제가 잠자는 짚단 아래 보관하고 있던 열쇠를 그가 찾을까 봐 두려웠기 때문이었습니다. 가장 안전한 방법은 밤새도록 열쇠를 제 입안에 넣어두는 것이라고 생각했습니다.

글쎄요, 말씀드린 바처럼 그렇게 저는 매일 밤 열쇠를 입에 물고 맘 편히 잠을 잤습니다. 그럼에도 불구하고 불행이 기다리고 있을 때는 부지런함도 별 효력이 없더군요. 열쇠를 그런 방식으로 입에 넣고 잠든 어느 날 밤, 제 숨소리는 열쇠를 거치면서 강렬한 휘파람 소리를 내고 말았습니다. 제 주인은 그 소리를 듣고 뱀이라고 믿었습니다.

Página 34

그는 소리 없이 일어나서 손으로 몽둥이를 잡았습니다. 천천히 제 침대로 다가왔습니다. 그는 제 온기가 있는 거기 짚단 사이에 뱀이 있는 줄로 생각했습니다. 그가 몽둥이를 치켜들고 온 힘을 다해 제 머리를 강타하는 바람에 저는 의식을 잃었고 머리에 상처를 입었습니다.

성직자는 저에게 저지른 일을 깨닫고 큰 소리로 절 부르며 의식을 회복시키려 했습니다. 그리고 손으로 저를 만져 보며 출혈이 많은 것을 확인하고서야 제게 입힌 상처를 알아차리게 되었죠. 그는 불을 찾아와 비추었고 제 입속에 열쇠가 있는 것을 보았습니다. 그는 제 입에서 열쇠를 꺼내고서 자신의 것과 똑같다는 것을 알아챘습니다. 그는 궤짝이 열리는지 확인하러 갔는데, 그렇게 속임수를 밝혀낸 것입니다. 그때 성직자는 '드디어 내 재산을 축낸 쥐새끼와 뱀을 찾았다.'라고 말했던 것 같습니다.

그 사흘 동안 무슨 일이 벌어졌는지 아무것도 몰랐는데, 마치 고래의 배 속에서 사흘을 보낸 것 같았으니까요. 의식을 회복하니 저는 머리에 고약을 바르고 붕대를 친친 감은 채 짚단에 쓰러져 있었습니다. 깜짝 놀라서 말했습니다.

"이게 무슨 일입니까?"

그 잔인한 성직자가 제게 대답하더군요.

"드디어 내가 쥐새끼들과 뱀을 잡았다."

Página 35

그때 저는 너무 아파서 일어난 일을 상상할 수 있었습니다.

그즈음 나이가 지긋한 돌팔이 여의사와 이웃 사람들이 들어왔습니다. 노파는 몽둥이질 당한 곳을 치료하기 시작했고 이웃 사람들은 깨어난 저를 보자 기뻐하며 말했습니다.

"음, 의식을 회복했군요. 하나님께서 별 탈 없게 하실 겁니다."

그 후로 이웃 사람들은 제 고통을 이야기하면서 비웃기도 하고 먹을 것도 주었습니다. 조금씩 시간이 흘러 보름이 되자, 저는 반쯤 회복이 되어 일어나게 되었는데 배가 고파 왔습니다. 이튿날 주인은 제 손을 잡고 길거리로 데려가서 말하더군요.

"라사로야, 오늘부터 너는 네 주인이고 내 종이 아니다. 새 주인을 찾으렴, 그리고 신이 함께하길 바란다. 난 그토록 부지런한 하인의 동행을 원하지 않는다. 의심할 바 없이, 넌 장님의 종이었음이 틀림없구나."

그리고 제가 악마라도 되는 양 그는 성호를 그으며 집 안으로 들어가더니 문을 닫아 버렸습니다.

Página 36

제3장

라사로가 자신이 모셨던 하급 귀족과 함께 겪은 일을 이야기하다

저는 쇠약한 상태에서 힘을 내야만 했습니다. 점차 선한 사람들의 도움을 받아 그 유명한 톨레도시에 도착했습니다. 거기에서 보름을 보내자 상처가 아물었습니다. 아픈 동안 사람들은 제게 적선을 했습니다. 나중에 제가 완치되자 사람들이 제게 말하더군요.

"너는 불량배이고 부적절한 요구가 많은 녀석이다. 네가 섬길 만한 착한 주인을 찾아라."

"어디에서 그런 사람을 발견할 수 있단 말인가?" 제 스스로에게 물었답니다.

어느 날 집집마다 돌며 구걸하다가 거리를 산책하고 있는 하급 귀족과 우연히 마주쳤습니다. 그는 옷 치장을 잘하고 단정하게 빗질을 하고 다녔습니다. 그가 저를 쳐다보았습니다. 제가 그를 바라보자 제게 묻더군요.

"얘야, 주인을 구하고 있니?"

제가 말했습니다.

"예, 나리."

"그러면 나와 함께 가자." 그가 대답했습니다. "네가 운이 좋아 날 만났다. 오늘 좋은 기도를 했구나."

Página 37

저는 하나님께 감사하며 그를 따라갔습니다. 그의 용모를 보고 필요한 주인을 찾았다고 생각했습니다.

저의 세 번째 주인을 만난 때는 아침나절이었습니다. 그는 저를 뒤에 세우고 도시의 대부분을 데리고 다녔습니다. 우리들은 빵과 먹을거리를 파는 광장을 지나갔습니다. 저는 우리가 빵과 먹을거리를 살 것이라고 생각했지만 가게들을 그냥 지나쳤습니다. 저는 혼잣말로 중얼거렸죠. '다른 곳에서 사시겠지.'

이렇게 우리는 11시까지 걸었습니다. 그때 주인은 큰 교회에 들어갔고 저도 그의 뒤를 따랐죠. 저는 그가 미사와 여러 가지 성무 일과에 참여하고 모든 것이 끝날 때까지 지켜봤습니다. 그런 후에 우리는 교회를 나와 서둘러 아랫길로 내려갔습니다.

우리들이 어떤 집에 도착하자 시계가 1시를 알렸습니다. 제 주인이 문 앞에 멈춰서 열쇠를 꺼내 문을 열었고 우리는 집으로 들어갔습니다. 집의 입구는 어둑하고 음산했습니다. 너무 컴컴해서 집 안으로 들어가기가 두려웠습니다. 집 내부에는 작은 안뜰과 좋은 방들이 있었습니다.

주인은 망토를 벗었습니다. 그리고 그것을 정성스럽게 접어 석조 의자에 놓더군요. 그런 다음 자리에 앉자 주인은 제게 어디 출신이며 어떻게 그 도시에 당도하게 됐는가에 대해 물었습니다. 저는 제 결점을 숨기면서 제 삶을 얘기했습니다. 2시가 되었고 집에 인기척이 없다는 것을 느끼고 불길한 징조가 들었습니다. 그렇게 집에는 벽 이외에 아무것도 없음을 관찰한 후에 그곳이 도깨비 집이라고 생각했습니다. 그때 주인이 제게 말하더군요.

Página 38

"얘야, 밥은 먹었느냐?"

"아뇨, 나리." 제가 대답했습니다. "어르신을 만났을 때 아직 8시가 안 됐었거든요."

"음. 이른 시간이었지만 난 이미 점심을 먹은 후였다. 나는 밤까지 아무것도 먹지 않을 것이니 그리 알고 있어라. 그러니까 너도 가능하면 참았다가 나중에 저녁을 먹도록 하자."

귀하께서는 제가 그 말을 듣고 기절할 뻔했다는

사실을 아셔야 합니다. 굶주림 때문이 아니라 제가 마주한 불운을 인지했기 때문입니다. 성직자를 버리고 싶었으나 더 나쁜 주인을 만날까 봐 두려워했던 때를 기억했습니다. 그렇지만 저는 최대한 내색하지 않고 그에게 말했습니다.

"나리, 제가 어리지만 먹지 않고 지내는 방법을 압니다."

"그거참 좋은 덕목이구나." 그가 말하더군요. "그래서 네가 더 좋아질 것 같다. 과식은 돼지가 하는 짓이고 소식(小食)은 좋은 사람이 하는 일이다."

저는 혼잣말을 했습니다.

"잘 알았소! 배고픔을 견디는 빌어먹을 처방과 친절을!"

그 후에 저는 현관 옆에 있었습니다. 동냥으로 얻는 몇 조각의 빵을 꺼냈죠. 주인은 절 보고 말하더군요.

"얘야, 이리 오렴. 뭘 먹고 있느냐?"

저는 그에게 다가가 빵을 보여 줬습니다. 그는 제일 큰 조각을 집더니 제게 말하더군요.

Página 39

"분명히 좋은 빵인 것 같구나."

"네 그렇습니다." 제가 말했습니다.

"어디서 났니?" 그가 물었습니다. "깨끗한 손으로 반죽한 거니?"

"그건 모르겠지만 저는 맛있는데요." 제가 대답했습니다.

"하나님께 맡길 수밖에." 제 불쌍한 주인이 말했습니다.

그리고 입으로 빵을 가져가 크게 한입 베어 물기 시작했습니다.

"빵이 아주 맛있구나." 그가 말했습니다.

그제야 저는 주인의 속셈을 알고 남은 빵을 재빨리 먹었습니다. 글쎄요, 그가 먼저 먹었다면 모든 빵을 다 먹어 치웠을 겁니다. 그 뒤에 주인은 방에 들어가서 낡고 주둥이가 넓은 단지를 꺼내 왔습니다. 그가 마시더니 제게 마시라며 단지를 내밀었습니다.

저는 잘 보이려고 그에게 말했습니다.

"나리, 저는 포도주를 마시지 않습니다."

"물이다. 그러니 마시도록 해라." 그가 대답하더군요.

그제야 저는 단지를 잡고 조금 마셨습니다.

우리는 밤이 이슥하도록 그가 제게 한 질문에 대해 얘기하고 있었습니다. 그런 다음 우리는 단지가 있던 방에 들어갔는데, 그가 제게 말하더군요.

Página 40

"얘야, 거기 멈춰라. 잠자리를 만들어 보자. 앞으로는 이렇게 배워서 해야 한다." 그는 침대의 한쪽에 있고 저는 다른 쪽에 있었습니다. 우리는 거무칙칙한 침대를 만들었지만 할 일이 많지 않았습니다. 침대는 몇 개의 의자 위에 갈대로 엮은 발을 얹어 놓은 것이었습니다. 그 발 위에 매트리스로 사용하는 지저분한 옷가지가 널려 있었습니다. 일이 끝나자 그가 제게 말하더군요.

"라사로야, 이미 늦었고 광장은 멀다. 게다가 도시는 밤에 많은 도둑들이 배회한단다. 우리가 가능한 대로 밤을 보내자. 그러면 내일 하나님께서 우리를 도우실 게다."

"나리, 제 걱정은 마세요." 제가 말했습니다. "저는 먹지 않고 하룻밤을 보내는 방법을 알고 있고, 필요하다면 며칠 밤도 그렇게 할 수 있습니다."

"넌 더 오래 더 건강하게 살 것이다." 그가 대답했습니다. "장수하려면 적게 먹는 것보다 더 좋은 방법은 없단다."

저는 제 자신을 생각했습니다. '만일 그렇다면 난 절대 죽지 않겠네, 어쩔 수 없이 늘 소식했으니까.'

주인은 잠자리에 누웠습니다. 그는 긴 양말과 조끼를 베개로 삼고 제게 자신의 발치에 누우라고 말했습니다. 저는 전혀 잠을 이룰 수가 없었는데, 왜냐하면 밤새 갈대와 제 앙상한 뼈가 부딪혀 서걱댔기 때문입니다. 더욱이 거의 아무것도 먹지 못해서 배고파 죽을 지경이었습니다. 그를 깨우지 않으려고 밤새도록 옴짝달싹하지 못했고, 여러 차례 하나님께 죽음을 요청했습니다.

Página 41

아침에 우리는 일어났습니다. 주인은 옷을 흔들어 털고는 천천히 입었습니다. 손을 씻고 머리를 빗었습니다. 그런 다음 검을 집어 들고 허리에 차더니 제게 말하더군요.

"오, 얘야! 얼마나 좋은 검인지 봐라! 세상 모든 금과도 바꾸지 않을 것이다."

그렇게 말하며, 칼집에서 검을 꺼내 손가락으로 검사하고 말하더군요.

"이 검으로 양모(羊毛) 한 뭉치도 자를 수 있을 텐데."

저도 혼잣말을 했습니다. '내 이빨이 강철은 아니지만 2킬로그램짜리 빵 한 덩이를 잘라낼 수 있을 텐데.'

하급 귀족은 검을 다시 칼집에 거두었습니다. 어깨에 망토를 두르고 문밖으로 나서며 말하더군요.

"라사로야, 내가 미사에 참여하는 동안 집에 신경을 써라. 침대를 정리하고 강에 가서 물을 길어 오너라. 외출할 때는 열쇠로 문을 잠그고 물건이 도둑맞지 않도록 해라. 그런 다음 문가에 열쇠를 놓아두면 내가 돌아와 집에 들어가도록 하마."

그리고는 매우 즐겁게 윗길로 올라갔습니다. 그를 몰랐던 사람은 그가 백작이었다고 말할 것입니다. 저는 제 자신에게 중얼거렸습니다.

Página 42

"주여, 복 받으소서. 제게 병 주고 약 주시네요. 이토록 행복한 주인을 본다면 어느 누가 왕처럼 먹고 잔다고 생각하지 않겠습니까? 어느 누가 딱딱한 빵 한 조각으로 하룻낮과 하룻밤을 보냈다고 말하겠습니까? 아무도 의심하지 않을 겁니다. 오, 주여! 세상에는 얼마나 많은 사람들이 제 주인처럼 헛된 명예를 위해 고통받을까요! 사실 그들은 당신을 위해 고통받지는 않을 겁니다!"

나중에 저는 집에 들어왔습니다. 딱딱하고 거무튀튀한 잠자리를 만들고 물을 가지러 강으로 갔습니다. 거기 한 과수원에서 제 주인은 그곳에 필요로 하지 않는 두 여자에게 사랑을 호소하고 있었습니다. 그녀들은 어떤 시골 귀족이 초대해 주리라 믿고, 여름날 아침마다 손에 아무것도 들지 않은 채 시원한 바람을 쐬고 점심도 해결하러 오는 여자들입니다.

말씀드리건대 제 주인은 그 여자들에게 오비디우스가 쓴 시보다 더 달콤한 말들을 던졌습니다. 그녀들은 열정적인 주인을 보자 점심을 사 달라고 요구했습니다. 그가 돈이 없어 핑계를 대기 시작하자 여자들은 그의 빈곤함을 알아채고 떠나버렸습니다.

그사이 저는 양배추 잎 몇 장으로 아침을 때웠습니다. 이후 주인의 눈에 띄지 않고 집으로 돌아왔습니다. 집을 청소할 생각이었지만 청소 도구를 발견하지 못했습니다. 그래서 주인이 돌아오길 기다렸습니다.

Página 43

저는 오후 2시가 된 걸 알고 허기가 발동해서 집을 나와 먹을거리를 찾으러 다녔습니다. 병든 목소리를 하고 가장 큰 집들을 돌아다니며 빵을 구걸했습니다. 동냥하는 일은 젖먹이 시절에 터득한 것이라서 네 시가 되자 빵, 소 족발, 삶은 내장을 얻었습니다.

집에 도착하니 그 선한 주인이 안에 있더군요. 그는 안뜰을 산책하고 있었습니다. 어디서 오냐고 묻기에 제가 대답했습니다.

"나리, 2시까지 기다렸습니다. 나리가 오지 않으

셔서 음식을 구걸하러 나갔고 보고 계신 이것을 얻어 왔습니다."

그에게 빵과 순대를 보여 줬습니다. 그는 상냥한 얼굴을 하고 말하더군요.

"점심 먹으려고 널 기다렸는데 오지 않아서 나 먼저 먹었단다. 잘했다. 훔치는 것보다는 하나님께 부탁하는 것이 더 낫다. 다만 네가 나와 함께 산다는 사실을 사람들이 모르게 해 다오. 그것은 내 명예에 관한 것이다. 하지만 이 동네에서는 아무도 날 모르기 때문에 비밀이 지켜지리라 믿는다. 내가 절대로 오지 말았어야 했는데!"

"걱정 마세요, 나리." 제가 그에게 대답했습니다. "아무 말도 하지 않겠습니다."

"죄인아, 이제 먹어라. 하나님께서 원하신다면 우리는 곧 부족함이 없게 될 것이다. 한데 내가 이 집에 머문 이래 잘 지낸 적이 한 번도 없구나. 사람들이 말하기를 귀신 들린 집은 그곳에 사는 자에게 불운을 전염시킨다고 한다. 이번 달이 끝나면 떠나겠다고 약속하마. 비록 내게 이 집을 선물할지라도 난 여기 남지 않을 것이다."

Página 46

이후 저는 바닥에 앉아 순대와 빵을 먹기 시작했습니다. 가끔 주인을 쳐다봤습니다. 그가 제게서 시선을 떼지 않더군요. 그가 배고프다는 걸 알기에 많이 안타까웠습니다. 그를 식사에 초대할까도 생각했지만 엄두를 내지 못했습니다.

하나님은 저와 그의 소원을 들어주고 싶으셨나 봅니다. 그래서인지 식사를 시작할 때 그가 제게 다가와서 말하더군요.

"라사로야, 네가 먹는 걸 보니 부럽구나. 입맛이 없는 사람이라도 널 보면 식욕이 일어나겠다."

저는 그에게 대답했습니다.

"나리, 이 빵은 너무 맛있고, 아주 잘 익어 감칠맛 나는 이 소 족발은 먹어 달라고 꼬드기네요."

"소 족발이라고 했느냐?" 그가 물었습니다.

"예, 나리."

"음, 네게 말하건대 그것은 세상 최고의 먹거리이다. 그런데 내가 더 좋아하는 꿩고기는 없구나."

"그럼 맛보세요, 나리. 얼마나 맛있는지 알게 되실 겁니다."

제가 그의 손에 소 족발과 몇 조각의 빵을 내밀자 그는 제 옆에 앉았습니다. 마치 한 마리의 사냥개처럼 모든 뼈마디를 갉아 먹기 시작했습니다.

"어허 참, 하나님께서는 마치 내가 아무것도 못 먹은 것으로 알고 계셨는가 보다."

Página 47

저녁 식사를 마치고 우리는 지난밤처럼 잠자러 갔습니다. 8일 혹은 10일간 저는 똑같은 짓을 했습니다. 주인은 아침에 거리의 공기를 마시러 갔고 저는 음식을 구하러 나왔습니다.

제 삶은 엉망이었습니다. 개선책을 찾으려고 이전의 주인들로부터 도망쳤는데 우연히 만난 한 주인을 부양해야만 했습니다. 그럼에도 불구하고 그를 좋아했습니다. 그는 가진 게 아무것도 없었기 때문에 제게 줄 것도 없었으니까요. 반면에 탐욕스러운 장님과 인색한 성직자는 방법이 있었는데도 절 굶겨 죽일 뻔했습니다. 하나님이 증인이신데, 지금도 어떤 하급 귀족을 만나면 동정심을 갖게 됩니다. 제 주인이 당했던 고통을 그 사람도 당하게 될지 제 자신에게 묻게 됩니다.

다시 제 이야기를 하자면, 그해 밀 농사가 흉작이었습니다. 그래서 시청은 가난한 외국인들에게 모두 도시에서 떠날 것을 명령했습니다. 그리고 외국인을 발견했다면 채찍으로 징벌을 가했을 것입니다. 그리고 실제로 그랬는데, 나흘째 되던 날 저는 교차로에서 채찍 맞은 가난한 자들의 행렬을 보았습니다. 그날 이후 감히 음식을 구하러 나설 수가 없었습니다.

우리는 이삼 일 동안 간식을 먹지 못하고 말도 없이 지냈습니다. 어떤 면 방직공들이 저를 구해 줬는데, 모자를 만드는 이웃집 여자들이었습니다. 그녀들은 저를 동정해서 제게 먹을 것을 주었습니다.

Página 48

주인은 제게 훨씬 더 많은 고통을 주었습니다. 그는 8일 동안 먹지 않았는데, 적어도 집에서는 그랬습니다. 낮 동안 그가 어디를 다니고 무엇을 먹는지 저는 몰랐습니다. 하지만 그는 정오에 귀가했습니다. 그리고 다시 정문을 나서면 전혀 먹은 게 없어도 자신의 헛된 명예 때문에 시푸라기로 이를 쑤시는 척했습니다. 그런 후에 제게 말하곤 했습니다.

"얘야, 이 집은 음산하고 쓸쓸하고 어둡다. 우리가 여기 있는 동안 고생하겠구나. 이번 달이 끝나면 이 집에서 나가고 싶다."

어느 날엔가 어찌 된 영문인지 주인이 1레알을 가져왔습니다. 그는 베니스의 보물을 가진 것보다 더 자랑스러워했습니다. 즐거운 표정으로 제게 동전을 주며 말하더군요.

"라사로야, 받아라. 하나님께서 손을 내밀고 계신다. 광장으로 가렴, 그리고 거기에서 빵과 포도주와 고기를 사 오너라. 네게 알리건대 내가 다른 집을 빌렸으니 우리는 더 이상 여기 머물지 않을 것이다. 망할 놈의 집! 첫 번째 기왓장을 놓은 자도 저주나 받아라! 이 집에 산 이후로 포도주 한 방울 못 마시고 고기 한 점 못 먹었다. 오늘은 우리가 백작처럼 먹을 테니 너는 갔다가 어서 돌아오너라."

저는 동전과 단지를 들고 급히 광장으로 갔습니다. 매우 즐겁고 기쁜 마음으로 가고 있었습니다. 그런데 제 슬픈 행복은 고통 없는 그 어떤 기쁨도 허락하질 않았습니다. 그렇게 저는 길을 가다가 망자(亡者)를 옮기고 있는 많은 사람을 만났습니다. 과부가 흐느끼며 말하더군요.

Página 49

"여보, 나의 주인이시여. 이 사람들이 당신을 어디로 모시고 가나요? 쓸쓸한 집으로, 어두컴컴한 집으로! 아무것도 먹을 수 없고 마실 수도 없는 집으로 모시고 갑니다!"

그 말을 듣자 저는 하늘이 무너지고 땅이 꺼지는 줄 알고 혼잣말을 했습니다.

"오, 비참한 내 인생. 이 시신을 내 집으로 데려가는구나!"

저는 가던 길을 멈추고 집으로 뛰어 되돌아왔습니다. 고함을 지르면서 들어가 주인을 껴안고 정문을 지켜 달라고 요청했습니다. 그때 그가 제게 말하더군요.

"얘야, 무슨 일이냐? 왜 소리를 지르느냐? 무엇 때문에 잔뜩 화가 나서 문을 닫았느냐?"

"나리!" 제가 말했습니다. "이리 좀 와 보세요. 사람들이 집으로 시체를 가져오고 있습니다!

"어떻게 그런 일이?" 그가 반응했습니다.

"길에서 장례식을 봤어요. 과부가 '여보, 나의 주인이시여. 이 사람들이 당신을 어디로 모시고 가나요? 쓸쓸한 집으로, 어두컴컴한 집으로! 아무것도 먹을 수 없고 마실 수도 없는 집으로 모시고 갑니다!'라고 말했다니까요. 나리, 여기 우리들에게 시체를 데려오고 있는 겁니다."

주인은 그 말을 듣고는 웃기 시작했습니다. 너무 웃어 대는 바람에 저는 한참 동안 말을 하지 못했습니다. 장례식의 사람들이 시신과 함께 그냥 지나갔습니다. 그 순간 주인이 세게 말하더군요.

"물론, 미망인이 한 말에 의하면, 네가 생각했던 바를 떠올리는 것이 옳다. 하지만 이미 봤잖니. 하나님은 그들이 그냥 지나쳐 가는 걸 원하셨다. 열어라, 문을 열고 음식을 사러 가거라."

Página 50

"기다리세요, 나리. 이제 막 거리를 지나갔잖아요." 제가 대답했습니다.

결국, 주인은 문을 열고 저를 거리로 떠밀었습니다. 그리고 저는 음식을 사러 갔습니다. 그날 우리는 잘 먹었지만 저는 즐겁지가 않았습니다. 3일 동안 망자에 대한 두려움이 사라지지 않았습니다. 그럼에도 불구하고 주인은 그것을 기억할 때마다 비웃었습니다.

우리가 배불리 먹은 어느 날 주인은 흡족해서 제게 자신의 이야기를 해 주었습니다.

그는 제게 옛 카스티야 출신이라고 말했습니다. 그는 이웃집 기사에게 인사할 때 모자를 벗기 싫어서 고향을 떠났습니다.

"나리, 그분이 기사이고 나이가 더 많다면 나리가 먼저 모자를 벗어야 되지 않나요?" 제가 말했습니다.

"맞다. 하지만 늘 그런 것은 아니다. 그는 단 한 번도 나보다 먼저 모자를 벗지 않았다. 넌 젊어서 명예에 관해 아무것도 모른다. 너도 알다시피 나는 하급 귀족이지만 나이 많은 그 사람처럼 존중받을 만한 사람이다. 하루는 고향에서 내가 어떤 수공업자에게 무안을 주었다. 그와 마주칠 때마다 그가 내게 '하나님께서 귀하를 보살펴 주시길 기원합니다.'라고 말했다. 내가 그에게 말했지. '이 미천한 촌뜨기 양반아, 당신은 왜 예의가 없는 줄 아시오? 당신은 마치 내가 아무것도 아닌 것처럼 인사하는 거요?' 그때부터 그가 지나갈 때 모자를 벗고 해야 할 말을 하더구나."

Página 51

"한 사람이 다른 사람에게 하나님의 가호를 기원한다고 인사하는 게 안 좋은 건가요?" 제가 물었습니다.

"그런 어리석은 말을 하다니!" 그가 대답했습니다. "그런 인사는 별 볼 일 없는 사람에게 하는 것이지. 나처럼 중요한 사람에게는 '귀하의 손에 입을 맞춥니다.'라고 말해야 한다. 게다가 난 그렇게 가난하지 않다. 폐허가 되지 않았다면 큰돈이 될 만한 여러 채의 집을 소유하고 있다. 또한 허물어지지 않았다면 매해 200마리 이상의 비둘기 새끼를 키울 만한 비둘기장도 가지고 있단 말이다. 나는 괜찮은 계약을 체결할 생각으로 이 도시에 왔다. 그러나 겨우 봉사비로 식비를 지불하는 직장을 얻을 뿐이었다. 나는 위대한 주인들을 섬기고 싶다. 나는 천 가지 경이로운 방법으로 그들을 만족시키는 방법을 알고 있다. 그들의 호의에 미소를 지을 것이고 그들에게 귀찮은 것은 절대 말하지 않을 것이다. 왕궁에서 하듯이, 그들에게 다른 이들의 삶에 대해 말할 것이다. 하지만 운명은 내가 그들 가운데 한 분을 만나는 것을 원하지 않는구나."

주인이 자신의 불운을 얘기하고 있는데 어떤 사내와 노파가 문으로 들어섰습니다. 사내는 집세를 요구했고 노파는 침대 사용료를 내라고 했습니다. 그들은 셈을 하더군요. 하급 귀족은 12레알 혹은 13레알을 지불해야만 했습니다. 주인은 그들에게 오후에 다시 오라고 말했습니다. 오후에 돈을 지불하겠다고. 그러나 하급 귀족은 도망갔고 결코 돌아오지 않았습니다.

Página 52

사내와 노파는 오후에 다시 왔습니다. 저는 그들에게 주인이 아직 오지 않았다고 말했습니다. 밤이 돼도 그는 나타나지 않았습니다. 저는 집에 홀로 남는 게 무서워서 이웃집 여인들에게 갔습니다. 그날 밤 거기서 잤습니다.

채권자들은 아침에 돌아와서 여인들에게 제 주

인에 대해 물었습니다. 그녀들이 그들에게 대답하더군요.

"여기 그의 하인과 문 열쇠가 있습니다."

그들은 제게 주인에 대해 질문했습니다. 저는 그가 어디에 있는지 모른다고 대답했습니다. 그러자 그들은 하급 관리와 공증인을 찾으러 갔습니다. 그들은 증인 몇 명을 불러 집 안으로 들어왔습니다. 그들은 아무것도 발견하지 못하고 저를 심문했습니다.

"가구는 어디에 있느냐?"

"저는 모릅니다." 제가 그들에게 대답했습니다.

"어젯밤 다른 장소로 가구를 옮겨 놓았을 겁니다." 그들이 말했습니다. "공무원 나리, 이 하인 놈을 체포하시죠. 이 자는 가구가 어디 있는지 알고 있을 겁니다."

그때 하급 관리가 와서 제 멱살을 잡았습니다. 그리고 제게 말했습니다.

"꼬마야, 네 주인의 재산이 어디 있는지 우리에게 말하지 않으면 내가 널 체포하련다."

저는 너무 무서워 울면서, 묻는 것에 대답하겠다고 약속했습니다.

Página 53

"좋다." 그들이 말했습니다. "아는 것을 말하고 두려워하지 마라."

공증인은 목록을 작성하려고 자리에 앉았습니다. 그는 주인이 무엇을 갖고 있는지 물었습니다.

"나리님들, 주인님이 제게 말씀한 바로는 폐허가 된 몇 채의 집과 붕괴된 비둘기장 하나를 갖고 있다고 했습니다." 제가 대답했습니다.

"좋다." 그들이 말했습니다. "비록 그것이 아무리 값어치가 적을지라도 우리들에게 빚을 갚을 만큼은 되겠지. 네 주인은 어디에 그걸 갖고 있느냐?" 그들이 제게 물었습니다.

"그의 고향에요." 제가 그들에게 대답했습니다.

"그의 고향이 어디냐? 그들이 물었습니다.

"옛 카스티야입니다." 제가 그들에게 대답했습니다.

이웃집 여인들이 말해 주더군요.

"나리님들, 이 소년은 죄가 없습니다. 하급 귀족과는 짧은 시간을 보냈고 더 이상 아는 것도 없습니다."

저는 죄가 없었기 때문에 그들이 저를 풀어주었습니다.

제가 말씀드린 것처럼 제 불쌍한 세 번째 주인은 이렇게 저를 떠났습니다. 흔히 일어나는 것과는 반대로 말입니다. 제가 주인을 떠나는 대신에 그가 저를 떠났습니다.

Página 54

제4장

라사로가 메르세드 교단의 수도사와 어떻게 지냈는지 이야기하다

저의 네 번째 주인은 메르세드 교단의 수도사였습니다. 그는 하급 귀족의 이웃집 여인들의 친척이었습니다. 이 수도사는 기도하는 것과 수도원에서 식사하는 것을 별로 좋아하지 않았습니다. 그는 방문을 좋아했습니다. 너무 많이 방문을 해서 수도원 전체를 합친 것보다 더 많은 신발을 닳아 없앴습니다. 그는 제게 첫 번째 신발을 선물했습니다. 하지만 그 신발은 여드레를 넘기지 못했고 저는 그의 빠른 걸음을 따라다닐 수 없었습니다. 그래서 또 말씀 드리지 못하는 다른 일 때문에 저는 그를 떠났습니다.

Página 55

제5장

라사로가 면죄부 판매인과 겪은 일을 이야기하다

저의 나섯 번째 주인은 면죄부 판매인이었습니

다. 제가 만나 보지 못했던 가장 뻔뻔스러운 사람이자 가장 큰 면죄부 판매인이었지요. 그는 면죄부를 팔기 위해서 수많은 속임수와 거짓말을 이용했습니다.

어떤 장소를 가면, 그는 우선 교구 사제들에게 상추, 한 쌍의 복숭아, 몇 개의 배와 같은 사소한 것들을 선물했습니다. 그렇게 교구 사제들을 만족시키고 그들로 하여금 신자들을 불러 모아 면죄부를 사게 만들었습니다. 신자들이 자발적으로 면죄부를 원하지 않으면 어떻게 억지로 떠넘길 것인가를 모색했습니다.

그는 톨레도 사그라의 어떤 곳에서 이삼 일 동안 설교를 했습니다. 그러나 사람들은 면죄부를 사려고 하지 않았습니다. 그러자 그는 이튿날 아침에 마을 사람들을 소집했습니다.

그날 밤, 저녁 식사 후에 하급 관리와 제 주인은 카드놀이로 후식 내기를 했습니다. 그때 두 사람은 다투기 시작했습니다.

Página 56

주인은 하급 관리를 도둑이라고 불렀고 하급 관리는 면죄부 판매인을 거짓말쟁이라고 불렀습니다. 이내 제 주인이 긴 창을 잡았습니다. 그리고 하급 관리는 자신의 칼을 잡았습니다. 하급 관리가 면죄부는 가짜라고 말했습니다. 사람들이 그 소리를 듣자 그들을 떼어 놓으러 왔습니다. 끝내 사람들이 하급 관리를 객줏집에서 데리고 나갔습니다. 주인은 매우 격노한 후에 잠자러 갔습니다.

아침에 제 주인은 교회에 갔고 미사의 종을 울리라고 명령했습니다. 온 동네 사람들이 교회에 집결했습니다. 모든 사람들은 면죄부가 가짜라고 생각했습니다. 하급 관리가 그렇게 말했기 때문입니다. 따라서 사람들은 면죄부를 사고 싶어하지 않았습니다. 주인이 설교를 하려고 설교대에 올랐습니다. 그는 사람들을 선동하여 그 성스러운 면죄부를 사도록 부추겼습니다. 그때 하급 관리가 교회로 들어와서 말하더군요.

"선한 분들이여, 제 말 한마디 들어보세요. 저는 여러분께 설교하고 있는 이 거짓말쟁이와 함께 이곳에 왔습니다. 그는 절 속였습니다. 그는 제게 면죄부를 팔도록 도와달라고 부탁했습니다. 제게 돈을 줄 것이라고 말했습니다. 저는 지금 제 양심과 여러분들의 재산에 끼칠 피해를 알고 후회하고 있습니다. 그래서 여러분께 말씀드리건대, 면죄부를 사지 마세요. 그리고 저는 이 사건과 아무런 관계가 없습니다."

몇 사람이 일어나서 하급 관리를 교회에서 내쫓고 소문을 막으려고 했습니다. 하지만 주인은 그들이 그렇게 하려는 것을 제지하더군요. 그는 모든 이에게 하급 관리가 말할 수 있게 놔두라고 명령했습니다. 그럼에도 불구하고 하급 관리는 그때 아무 말도 하지 않았습니다. 그러자 주인이 그에게 더 하고 싶은 말이 있냐고 물었습니다. 하급 관리가 대답하더군요.

Página 57

"저는 당신과 당신의 거짓말에 대해 더 많은 것을 얘기할 수 있습니다. 그러나 지금은 말하고 싶지 않습니다."

주인은 무릎을 꿇더니 하늘을 바라보며 말했습니다.

"모든 것을 보고 계시는 하나님. 당신은 진실을 아십니다. 당신은 제가 모욕당한 것을 아십니다. 하지만 당신께서 절 용서하실 수 있도록 제가 하급 관리를 용서하겠습니다. 저자를 주시하지 마소서. 무엇을 하는지도 무슨 말을 하는지도 모르고 있습니다. 당신께 간청하오니 기적을 만들어 주소서. 제가 거짓말을 하고 있다면 이 설교대를 쓰러뜨리소서. 제가 진실을 말하고 있다면 하급 관리를 벌하소서. 모두가 그의 사악함을 알 수 있게 하소서."

그때 하급 관리가 쓰러지고 바닥에 크게 부딪치는 소리가 교회 전체에 울려 퍼졌습니다. 그는 곧 고함을 지르고 입으로 거품을 내뿜고 몸을 움직이기 시작했습니다. 그는 이쪽저쪽으로 바닥을 뒹굴었습니다.

그 소동이 너무 커서 사람들은 매우 놀랐습니다. 몇 사람이 그를 붙잡으려고 했지만 불가능했습니다. 사람들이 제 주인에게 하급 관리를 구해 달라고 애원했습니다. 주인이 하급 관리를 쳐다보고 말하더군요.

"선한 사람들이여, 하나님께서 우리가 용서해야 된다고 말씀하십니다. 우리는 하나님께 저자의 거짓말을 용서하시라고 부탁하십시다."

Página 59

모두가 제단 앞에 무릎을 꿇고 용서를 애원하였습니다. 그리고 주인은 하급 관리에게 나쁜 일이 생기지 말라고 기도했습니다. 그런 다음 면죄부를 가져오라고 명령하고 그것을 그의 머리에 얹어놓았습니다. 조금씩 하급 관리가 좋아지더군요. 그러자 그가 주인의 발밑에 엎드려 용서를 빌었습니다. 그는 지난밤 다툰 일을 복수하기 위해 거짓말했다고 실토했습니다. 제 주인께서 용서하자 그들은 다시 친구가 되었습니다. 그때 모든 사람들이 손으로 면죄부를 잡았습니다. 면죄부를 손에 쥐지 않은 자가 하나도 없었습니다.

그 소식은 인근의 모든 마을에 퍼졌습니다. 그래서 우리가 어떤 마을에 당도하면 교회에 갈 필요가 없었습니다. 사람들이 면죄부를 사러 객줏집으로 왔습니다. 저는 일어났던 일이 사실이라고 믿었습니다. 그러나 나중에 주인과 하급 관리가 서로 웃는 모습을 보고 면죄부를 팔기 위한 속임수였다는 것을 깨닫게 되었습니다.

저는 다섯 번째 주인과 거의 4개월을 지냈습니다. 그 기간 동안 많은 곤란을 겪었지만 제가 방문했던 사제들과 성직자들의 비용으로 잘 먹고 지냈습니다.

Página 60

제6장

라사로가 그가 섬겼던 주임 사제와 겪은 일을 이야기하다

그 후 저는 탬버린에 그림을 그리는 대가(大家)를 섬겼습니다. 저는 그를 위해 색을 준비했습니다. 이 또한 수많은 고통을 받았습니다.

그 당시 저는 이미 멋진 청년이었습니다. 어느 날 큰 교회에 들어갔는데 어떤 주임 사제가 저를 하인으로 삼았습니다. 제게 당나귀 한 마리와 네 개의 작은 항아리를 주고 도시에서 물을 팔게 했습니다. 이 일은 제가 선한 인생을 살기 위해 올랐던 첫 번째 계단이었습니다. 이 일로 인해 돈을 벌기 시작했습니다. 일은 번창했고 4년 후 약간의 돈을 모았습니다. 저는 헌 옷과 쿠에야르에서 만든 검을 샀습니다. 저는 옷을 잘 차려 입고 주인에게 당나귀를 돌려주고는 더 좋은 일자리를 찾기 위해 그 일을 그만두었습니다.

Página 61

제7장

라사로가 하급 관리를 섬기고 그와 겪은 일을 이야기하다

이후에 저는 하급 관리의 조수가 되었습니다. 그 일은 매우 위험했기 때문에 그와는 거의 살지 않았습니다. 어느 날 밤 사람들이 돌을 던지고 막대기로 우리를 때렸습니다. 저는 모면했지만 그 일이 싫어서 떠났습니다.

그때 몇 분의 나리와 몇 명의 친구를 통해서 노후를 위해 돈벌이가 될 만한 일자리를 구했습니다. 그 일자리는 공적인 직업이었습니다. 오직 일자리를 통해서만 이렇게 삶이 개선될 수 있습니다.

지금 저는 하나님과 귀하를 섬기는 포고(布告) 담당관원입니다. 도시에서 판매하는 포도주에 관한 내용을 고지합니다. 또한 분실물과 여타의 물품을 공시하고 죄인을 법정으로 데려가면서 그의 죄를 큰 소리로 알립니다.

저는 이 일을 하며 아주 잘 지내고 있습니다. 저는 전문가가 되었고 모든 사람이 제게 상담합니다. 어떤 사람이 뭔가를 판매하려면 라사로 데 토르메스가 공시해야만 합니다.

Página 62

어느 날 제 주인이며 귀하의 친구이신 산살바도르 교구의 수석 사제께서 제 소식을 접하셨는데, 제가 그분의 포도주 판매를 공시했기 때문입니다. 수석 사제는 제가 그분의 하녀와 결혼하길 원하셨습니다. 저는 수락하고 하녀와 결혼했습니다. 지금까지 후회한 적이 없습니다. 그녀는 좋은 여자이고 게다가 저는 수석 사제의 호의를 받고 있습니다. 그분은 늘 제게 밀을 주시고 성탄절에는 고기를 선물하십니다. 또한 신다가 남겨 둔 헌 양말도 주십니다. 수석 사제는 그분 댁 옆에 집 한 채를 얻어 저희에게 빌려주셨습니다. 그래서 일요일과 휴일마다 우리는 그 댁에서 식사를 합니다.

그러나 험담꾼들이 저희를 가만히 살게 내버려 두지 않습니다. 저는 알 것도 모를 것도 같은데, 그들은 제 처가 그분의 침대를 정리하고 음식 만드는 것을 봤다고 말합니다. 그런데 어느 날 제 처를 앞에 두고 수석 사제께서 제게 말씀하시더군요.

"라사로 데 토르메스, 사람들이 떠드는 것에 대해 염려하지 마시게. 험담꾼들은 자네 처가 내 집에 출입하는 것을 보았다고 자네 처에 대해 말하는 것일세. 그러나 내가 약속하건대 자네와 자네 처의 명예는 안전하네. 그러니까 사람들이 말하는 것을 바라보지 말고, 네가 해야 할 일을 바라보게나. 다시 말하면, 자네의 이익을 바라보라는 말일세."

제가 그에게 대답했습니다. "주인님, 저는 선한 사람을 가까이해서 그들 중 하나가 되기로 결심했습니다. 사실 친구들 중 어떤 이들은 제게 그 일에 대해 말합니다. 그녀가 앞에 있어 실례지만, 그들은 제 처가 저와 결혼하기 전에 아이 셋을 낳았다고 말합니다."

Página 63

그 순간 제 처는 저주의 말을 내뱉기 시작했습니다. 저는 집이 무너지겠다고 생각했습니다. 그런 다음 그녀는 수석 사제를 향해 울기 시작했습니다. 저는 그 말을 한 것에 대해 후회했습니다. 제 주인이신 수석 사제와 제가 아내를 진정시키자 그녀는 오열을 멈췄습니다. 속히 저는 사는 동안 그것에 대해 결코 다시는 말하지 않겠노라고 그녀에게 약속했습니다. 또한 그녀가 밤이든 낮이든 수석 사제의 댁에 출입할 수 있고, 착한 아내라는 것을 확신한다고 말했습니다. 이런 식으로 우리 세 명은 행복하게 되었습니다.

오늘날까지 그 누구도 우리가 그 사건에 대해 얘기하는 걸 들은 적이 없습니다. 반대로 누군가 제 처에 대해 말하길 원하면 제가 그의 말을 중단시키고 그에게 말합니다.

"자네가 내 친구라면 내게 상처 줄 수 있는 말은 아무것도 하지 말게. 날 아프게 하는 자는 내 친구가 아니기 때문일세. 내 아내는 내가 세상에서 가장 사랑하는 사람이네. 성체(聖體)를 앞에 두고 맹세하건대 그녀는 톨레도에 사는 최고의 여성일세. 이에 반하는 말을 하는 자는 내가 죽여 버리겠네."

이렇게 제 친구들은 제게 아무 말도 하지 않고, 저는 가정의 평화를 유지하고 있습니다.

이것은 우리의 승리자 황제 폐하께서 톨레도에 황실의 체류를 정하셨던 바로 그 해에 일어났습니다. 그 시기에 저는 번영을 이루었고 모든 행운의 정점에 도달했습니다.